AF461970

MUSIQUE

DES CHANSONS DE

P. J. DE BÉRANGER

MUSIQUE
IMPRIMÉE PAR LES PROCÉDÉS D'EUGÈNE DUVERGER,
RUE DE VERNEUIL, N° 4.

MUSIQUE

DES CHANSONS DE

P. J. DE BÉRANGER

CONTENANT LES AIRS ANCIENS ET MODERNES LES PLUS USITÉS

QUATRIÈME ÉDITION

AUGMENTÉE DE LA MUSIQUE DES NOUVELLES CHANSONS
ET DE TROIS AIRS AVEC ACC. DE PIANO
PAR M. HALEVY ET Mme MAINVIELLE-FODOR.

PARIS

PERROTIN, ÉDITEUR

DE LA MÉTHODE WILHEM ET DE L'ORPHÉON

PLACE DU DOYENNÉ, VIS-À-VIS LE GUICHET DU LOUVRE

MDCCCXLVII

AIRS
DES
CHANSONS DE BÉRANGER.

LE ROI D'YVETOT.

Air: *Quand un tendron vient en ces lieux.*

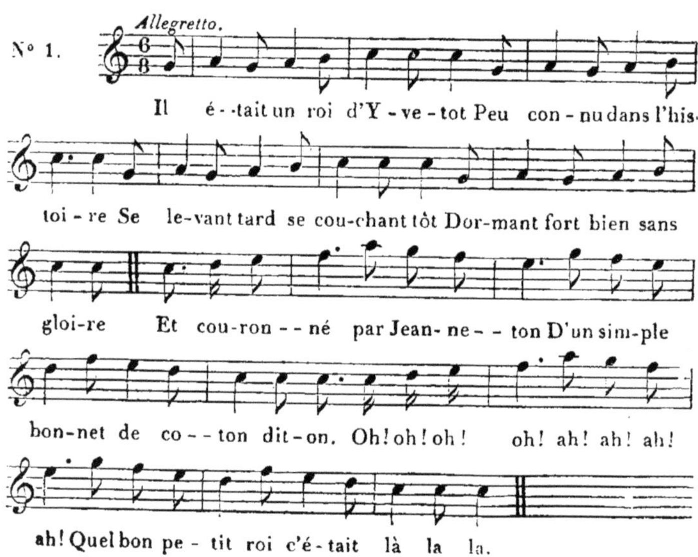
Allegretto.
N° 1.
Il é--tait un roi d'Y-ve-tot Peu con-nu dans l'his-
toi-re Se le-vant tard se cou-chant tôt Dor-mant fort bien sans
gloi-re Et cou-ron--né par Jean-ne--ton D'un sim-ple
bon-net de co--ton dit-on. Oh! oh! oh! oh! ah! ah! ah!
ah! Quel bon pe-tit roi c'é-tait là la la.

LA BACCHANTE.

Air: *Fournissez un canal au ruisseau.*

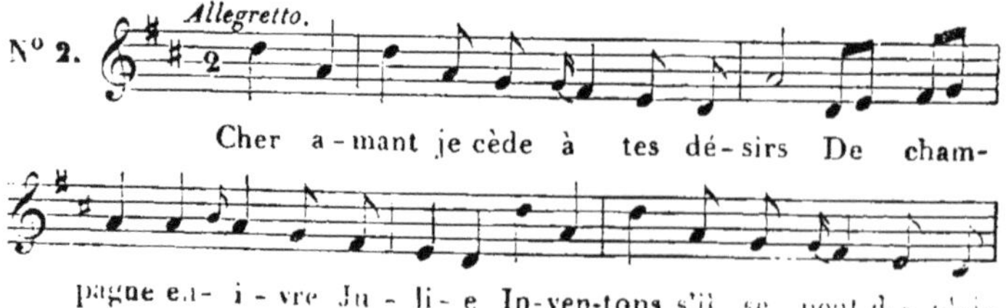
Allegretto.
N° 2.
Cher a-mant je cède à tes dé-sirs De cham-
pagne en-i-vre Ju-li-e In-ven-tons s'il se peut des plai-

tr
sirs Des amours é - pui - sons la fo - li - - e Ver-se-moi
ce joyeux poison Mais surtout bois à ta mai-tres-se Je rou-gi-
rais de mon i - - - vres-se Si tu con-ser - vais ta rai - son.

LE SÉNATEUR.

Air : *J'ons un curé patriote.*

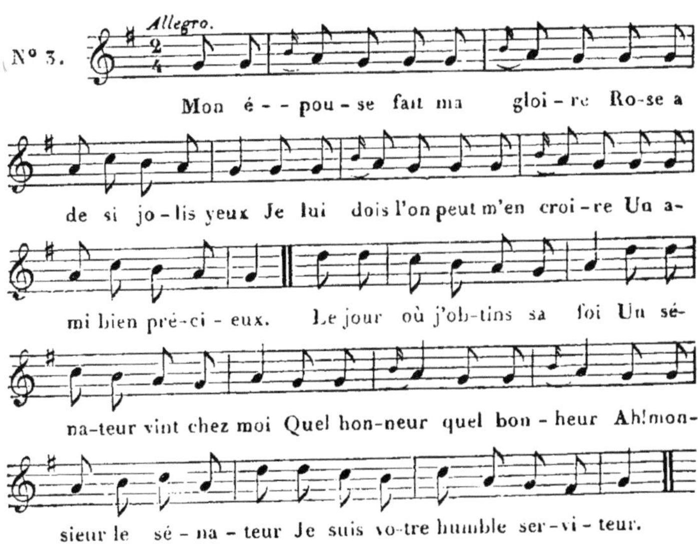
N° 3.
Allegro.
Mon é - - pou - se fait ma gloi - re Ro-se a
de si jo - lis yeux Je lui dois l'on peut m'en croi - re Un a-
mi bien pré - ci - eux. Le jour où j'ob-tins sa foi Un sé-
na-teur vint chez moi Quel hon-neur quel bon - heur Ah! mon-
sieur le sé - na - teur Je suis vo-tre humble ser-vi - teur.

L'ACADÉMIE ET LE CAVEAU.

Air : *Tout le long de la rivière.*

N° 4.
Allegro.
Au Caveau je n'o sais frap-per Des méchans

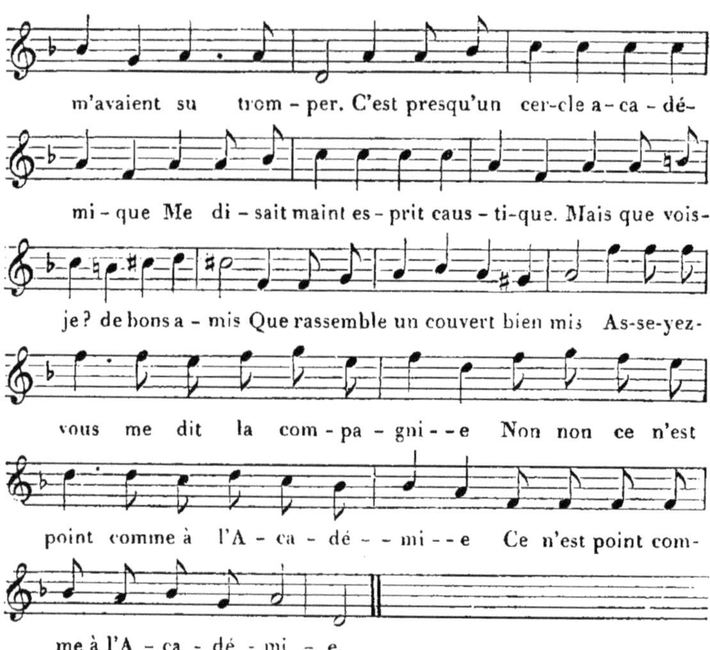
m'avaient su trom - per. C'est presqu'un cer-cle a - ca - dé-
mi - que Me di - sait maint es - prit caus - ti-que. Mais que vois-
je? de bons a - mis Que rassemble un couvert bien mis As-se-yez-
vous me dit la com - pa - gni - - e Non non ce n'est
point comme à l'A - ca - dé - - mi - - e Ce n'est point comme à l'A - ca - dé - mi - e.

LA GAUDRIOLE.

Air : *La bonne aventure.*

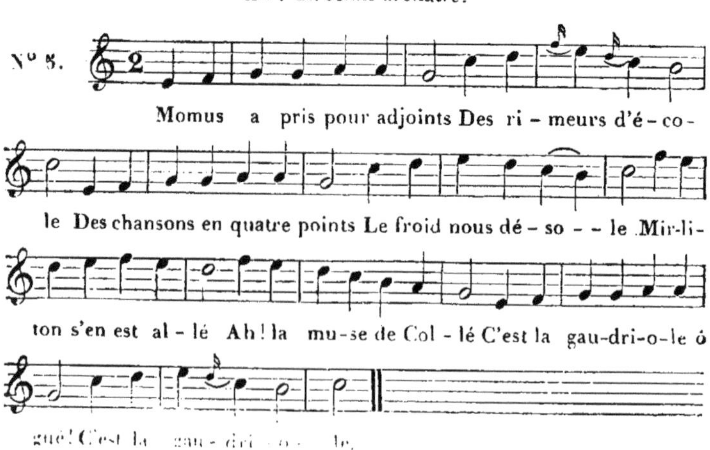
N° 8.
Momus a pris pour adjoints Des ri - meurs d'é - co -
le Des chansons en quatre points Le froid nous dé - so - - le Mir-li-
ton s'en est al - lé Ah! la mu-se de Col - lé C'est la gau-dri-o-le ô
gué! C'est la

ROGER BONTEMPS.

Air de la ronde du camp de Grandpré.

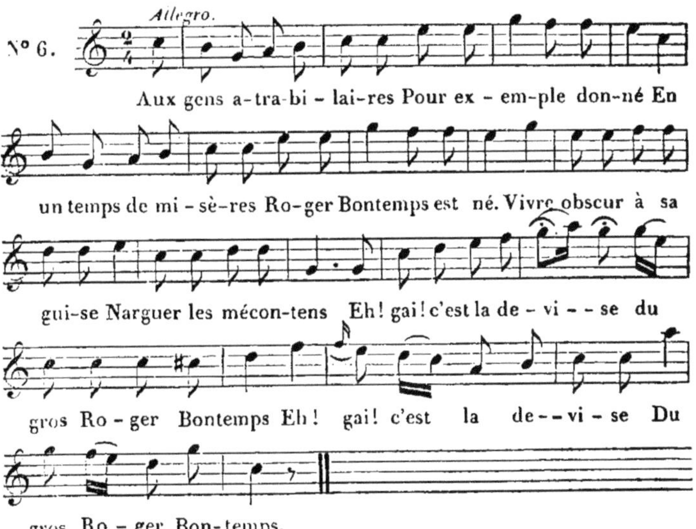
Allegro.
N° 6.
Aux gens a-tra-bi - lai-res Pour ex - em-ple don-né En
un temps de mi - sè-res Ro-ger Bontemps est né. Vivre obscur à sa
gui-se Narguer les mécon-tens Eh! gai! c'est la de - vi - - se du
gros Ro - ger Bontemps Eh! gai! c'est la de- - vi - se Du
gros Ro - ger Bon-temps.

MÊME CHANSON,

Musique de M. Amédée de Beauplan.

Gaiment.
N°6 bis.
Aux gens a - - tra - bi - - lai - - - - - res Pour
ex-em - ple don - né En un temps de mi - - sè - - - res Ro-
ger Bontemps est né Vivre obscur à sa gui - - - se Nar-
guer les mécon-tens Narguer les mé-con-tens Eh! gai! c'est la de-

vi - se Du gros Ro-ger Bontemps Eh! gai! eh! gai! eh!
gai! c'est la de - - vi - - - - - se Eh! gai! gai! gai!
c'est la de - vi - se du gros Ro-ger Bontemps.

PARNY N'EST PLUS!

Musique de M. B. Wilhem.

Andantino espressivo.
N° 7.
Je disais aux fils d'Épi-cu - - - re Réveillez par vos joyeux
chants Par - ny qui sait de la na-tu - - re Célébrer les plus doux penchans Par - ny qui sait de la na - tu - - re Cé - lé-
brer les plus doux penchans. Mais les chants que la joie in-
lent
spi - re Font place aux regrets super-flus Par - - - ny n'est
plus Par-ny n'est plus Il vient d'expi - rer sur sa ly - - -
re Par - - - - ny n'est plus Par - ny n'est plus!

MA GRAND'MÈRE.

Air : *En revenant de Bâle en Suisse.*

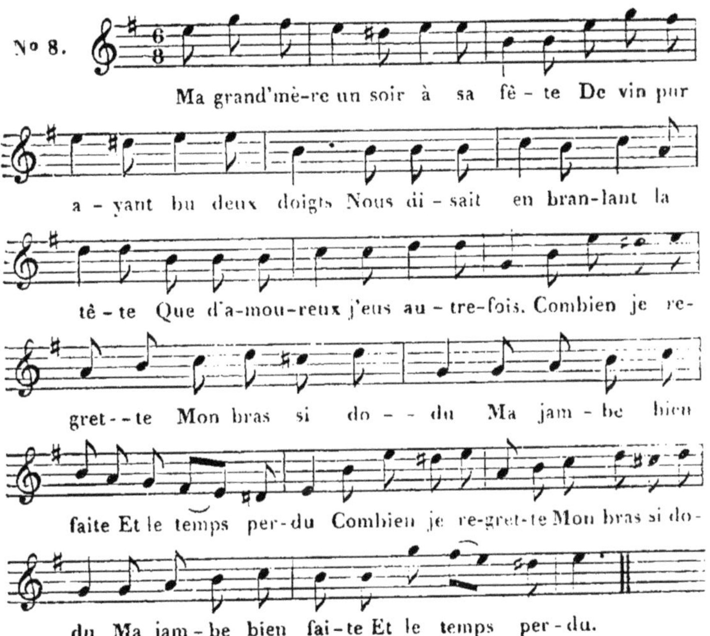
N° 8.
Ma grand'mè-re un soir à sa fê - te De vin pur
a - yant bu deux doigts Nous di - sait en bran-lant la
tê - te Que d'a-mou-reux j'eus au - tre-fois. Combien je re-
gret- - te Mon bras si do - - du Ma jam - be bien
faite Et le temps per-du Combien je re-gret-te Mon bras si do-
du Ma jam - be bien fai-te Et le temps per - du.

LE MORT VIVANT.

RONDE DE TABLE.

Air des Bossus.

Moderato.
N° 9.
Lorsque l'en-nui pé-nè-tre dans mon fort Pri-ez pour
moi je suis mort je suis mort Quand le plai-sir à grands

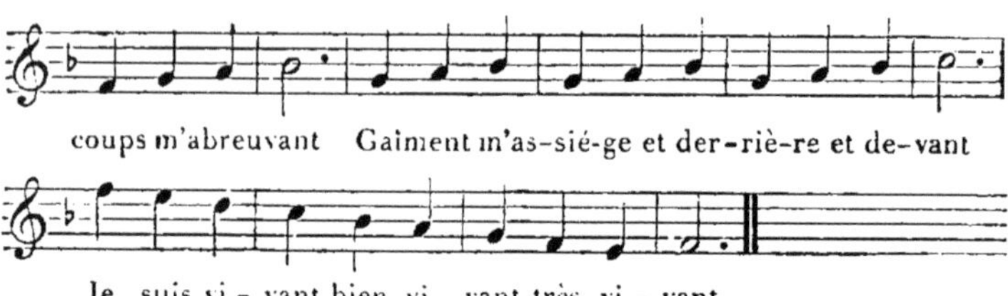
coups m'abreuvant Gaiment m'as-sié-ge et der-riè-re et de-vant
Je suis vi - vant bien vi - vant très vi - vant.

LE PRINTEMPS ET L'AUTOMNE.

Air de Lantara (de Doche).

N° 10.
Deux saisons règlent toutes cho - ses Pour qui sait
vi-vre en s'a - mu - sant Au prin-temps nous de-vons les
ro - - ses A l'au - tomne un jus bien-fai - sant A l'au-
tomne un jus bien-fai - sant Les jours crois-sent le cœur s'é-
veil - le On fait le vin quand ils sont courts Au prin-
temps a-dieu la bou-teil - le En au-tomne a-dieu les a -
mours Au printemps a - dieu la bou - teil - le En au-
tomne a-dieu les amours En au-tomne a-dieu les a-mours.

LA MÈRE AVEUGLE.

Air : *Une fille est un oiseau.*

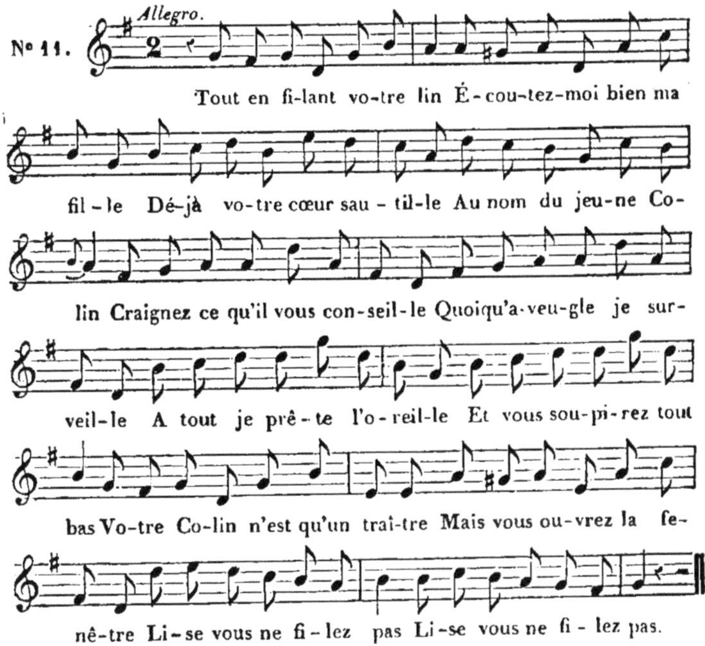
Allegro.
Nº 11.
Tout en fi-lant vo-tre lin É-cou-tez-moi bien ma
fil-le Dé-jà vo-tre cœur sau-til-le Au nom du jeu-ne Co-
lin Craignez ce qu'il vous con-seil-le Quoiqu'a-veu-gle je sur-
veil-le A tout je prê-te l'o-reil-le Et vous sou-pi-rez tout
bas Vo-tre Co-lin n'est qu'un traî-tre Mais vous ou-vrez la fe-
nê-tre Li-se vous ne fi-lez pas Li-se vous ne fi-lez pas.

LE PETIT HOMME GRIS.

Air : *Toto, carabo.*

Allegro.
Nº 12.
Il est un pe-tit hom-me Tout ha-bil-lé de
gris Dans Paris Jouf-flu comme u-ne pomme Qui sans un sou comp-
tant Vit con-tent Et dit moi je m'en... Et dit moi je m'en... Ma

foi moi je m'en ris Oh! qu'il est gai Oh! qu'il est gai Le pe-tit
hom - me gris.

LA BONNE FILLE

OU LES MŒURS DU TEMPS.

Air : *Il est toujours le même.*

Allegro.
N° 13.
Je sais fort bien que sur moi l'on ba-bil-le Que
soi - di - sant j'ai le ton trop plaisant Mais cet air a-mu-sant sied
si bien à Ca - mil - le. Phi - lo-sophe par goût Et toujours et de
tout Je ris je ris tant je suis bon-ne fil - le.

AINSI SOIT-IL.

Air : *Alleluia.*

Andantino.
N° 14.
Je suis de - vin mes chers a - mis L'a - ve - nir
qui nous est pro-mis Se dé-cou-vre à mon art sub-
til Ain - si soit - il!

L'ÉDUCATION DES DEMOISELLES.

Air : *Tra la la, l'Amour est là.*

Allegretto.
N° 15.
Le bel in - sti - - tu-teur des fil-les Que ce mon-
sieur de Fé - né - lon Il par-le de messe et d'ai-
guilles Maman c'est un sot tout du long Concerts bals et pièces nou-
vel-les Nous in-strui-sent mieux que ce - la. Tra la la
la les de - moi-sel-les Tra la la la se for - ment là.

DEO GRATIAS D'UN ÉPICURIEN.

Air : *Tout le long de la rivière.*

Allegro.
N° 16.
Dans ce siè - cle d'im-pi - é - - té L'on rit du
Be - ne - di - ci - te Faut - il qu'à pei - ne il m'en sou-
vien-ne Mais pour que l'ap - pé - tit re - vien-ne Je dis mes
gra ces lors-qu'en - fin Je n'ai plus soif je n'ai plus

faim Toujours l'es-poir suit le plai-sir qui pas-se. Que vous ê-tes
bon mon Dieu je vous rends gra - ce O mon Dieu mon
Dieu je vous rends gra- - ce.

MADAME GRÉGOIRE.

Air : *C'est le gros Thomas.*

Allegretto.
N° 17.
C'é-tait de mon temps Que bril-lait ma-da-me Gré-
goi-re J'al-lais à vingt ans Dans son ca-ba-ret ri-re et
boi-re. Elle at-ti-rait les gens Par des airs en-ga-geans Plus d'un
brun à lar-ge poi-tri-ne A-vait là crédit sur sa mi-ne. Ah! comme on en - trait Boire à son ca - ba - ret!

CHARLES VII.

Musique de M. B. Wilhem.

Allegro.
N° 18.
Je vais com-battre Agnès l'or-don - ne Adieu re-

pos plai - sir a - dieu J'au - rai pour ven - ger ma cou -
ronne Des hé - ros l'a - mour et mon Dieu Anglais que le nom de ma
bel - le Dans vos rangs por - te la ter - reur. J'ou - bli -
ais l'hon - neur auprès d'el - le A - gnès me rend tout à l'hon -
neur J'ou - bli - ais l'hon - neur au - près d'el - le Agnès me
rend tout à l'hon - neur.

MES CHEVEUX.

Air du vaudeville de Décence.

Moderato.
N° 19.
Mes bons a - mis que je vous prêche à ta - ble
Moi l'a - - pô - tre de la gaî - té Op - po - sez
tous au des - tin peu trai - ta - ble Le re - pos et la
li - ber - té A la gran - deur à la ri - ches - se

Pré - - fé - rez des loi - sirs heu-reux C'est mon a - vis moi
de qui la sa - ges - se A fait tom-ber tous mes che - veux.

LES GUEUX.

Air de la première ronde du Départ pour Saint-Malo.

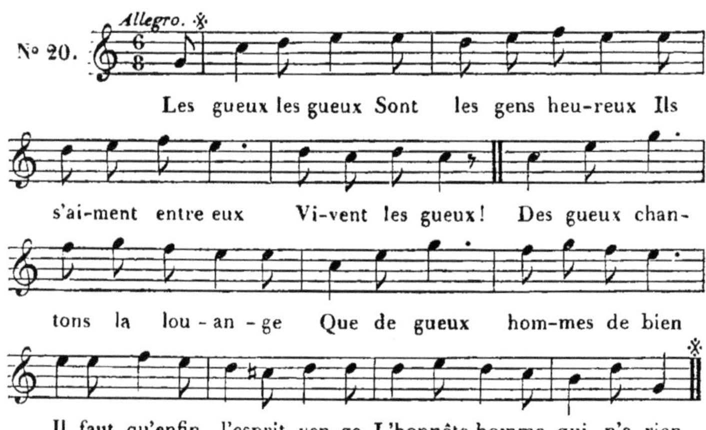
Allegro.
Nº 20.
Les gueux les gueux Sont les gens heu-reux Ils
s'ai-ment entre eux Vi-vent les gueux! Des gueux chan-
tons la lou - an - ge Que de gueux hom-mes de bien
Il faut qu'enfin l'esprit ven-ge L'honnête homme qui n'a rien.

LA DESCENTE AUX ENFERS.

Air : *Boira qui voudra, larirette.*

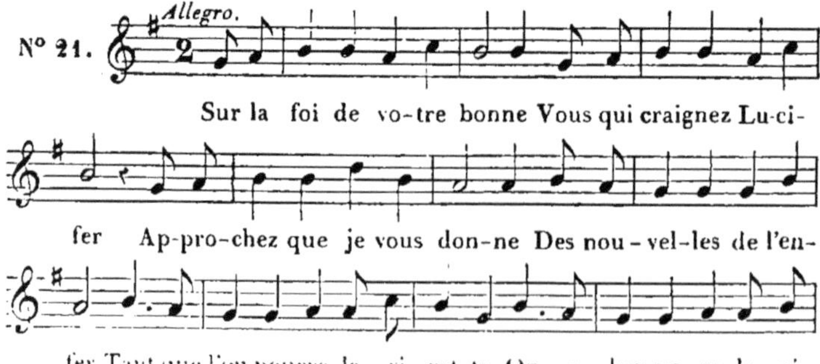
Allegro.
Nº 21.
Sur la foi de vo-tre bonne Vous qui craignez Lu-ci-
fer Ap-pro-chez que je vous don-ne Des nou - vel-les de l'en-
fer Tant que l'on pourra la - ri - ret-te On se dam-ne-ra la - ri-

ra Tant qu'on le pour-ra L'on trinque - ra Chante - ra Ai-me-
ra La fil--let - - - te Tant qu'on le pour-ra la - ri-
ret-te On se dam-ne-ra la-ri--ra.

LE COIN DE L'AMITIÉ.

Air du Vaudeville de la Partie carrée.

Andante.
N° 22.
L'amour l'hy-men l'in-té-rêt la fo-li - e Aux quatre
coins se dis-pu-tent nos jours L'a-mi-tié vient complé-ter la par-
ti--e Mais qu'on lui fait de mau-vais tours Lorsqu'aux plai-
sirs l'a-me se livre en-tiè-re No-tre rai-son ne bril-le qu'à moi-
tié Et la Fo-li-e at-ta-que la pre-miè-re Le coin de l'a-mi-
tié Le coin de l'a-mi-tié Le coin de l'a-mi-tié.

L'AGE FUTUR,

OU CE QUE SERONT NOS ENFANS.

Air : *Allez-vous-en, gens de la noce.*

Allegro.
N° 23.
Je le dis sans bles-ser per - son-ne No-tre â-ge
n'est point l'â - ge d'or Mais nos fils qu'on me le par-
don - ne Vau-dront bien moins que nous en - cor Pour peu-
pler la ma - chi - ne ron - de Qu'on est fou de met - tre du
sien Ah! pour un rien Oui pour un rien Nous lais - se-
rions fi - nir le mon-de Si nos fem - mes le voulaient bien.

LE VIEUX CÉLIBATAIRE.

Air : *Contentons-nous d'une simple bouteille.*

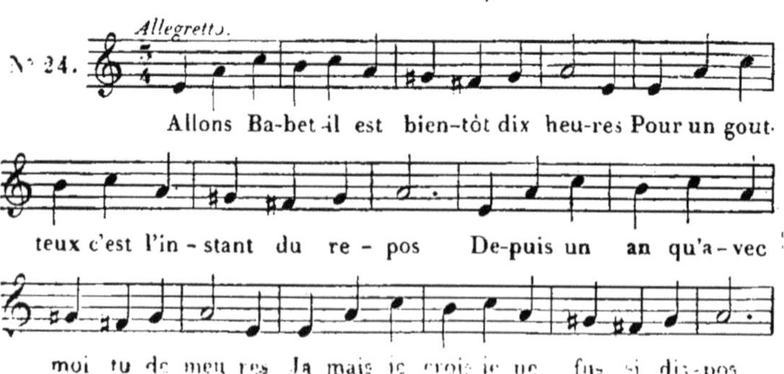
Allegretto.
N° 24.
Allons Ba-bet il est bien-tôt dix heu-res Pour un gout-
teux c'est l'in - stant du re - pos De-puis un an qu'a-vec
moi tu de meu res Ja mais je crois je ne fus si dis-pos

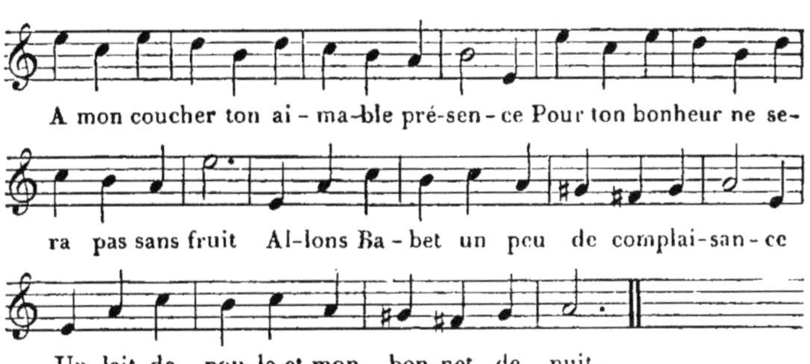
A mon coucher ton ai - ma-ble pré-sen - ce Pour ton bonheur ne se-
ra pas sans fruit Al-lons Ba - bet un peu de complai-san - ce
Un lait de pou-le et mon bon-net de nuit.

L'AMI ROBIN

Air : *La Monaco.*

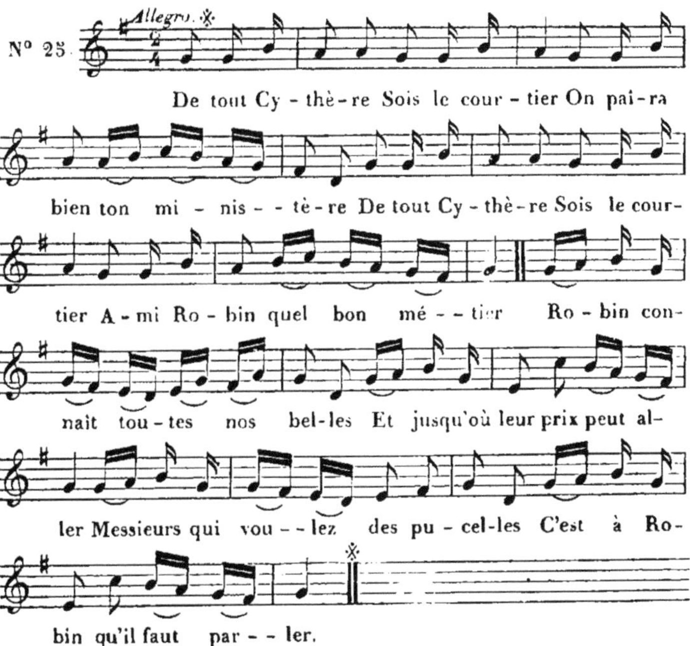
Allegro.
Nº 25
De tout Cy - thè-re Sois le cour - tier On pai-ra
bien ton mi - nis - - tè-re De tout Cy - thè-re Sois le cour-
tier A - mi Ro - bin quel bon mé - - tier Ro - bin con-
naît tou - tes nos bel-les Et jusqu'où leur prix peut al-
ler Messieurs qui vou - - lez des pu - cel-les C'est à Ro-
bin qu'il faut par - - ler.

LES GAULOIS ET LES FRANCS.

Air : *Gai! gai! marions-nous.*

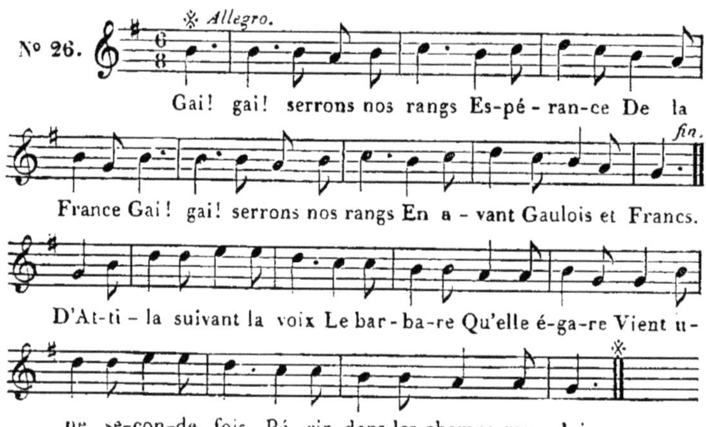
Allegro.
N° 26.
Gai! gai! serrons nos rangs Es-pé - ran-ce De la
fin.
France Gai! gai! serrons nos rangs En a - vant Gaulois et Francs.
D'At-ti - la suivant la voix Le bar - ba-re Qu'elle é-ga-re Vient u-
ne se-con-de fois Pé - rir dans les champs gau - lois.

FRÉTILLON.

Air : *Ma commère, quand je danse.*

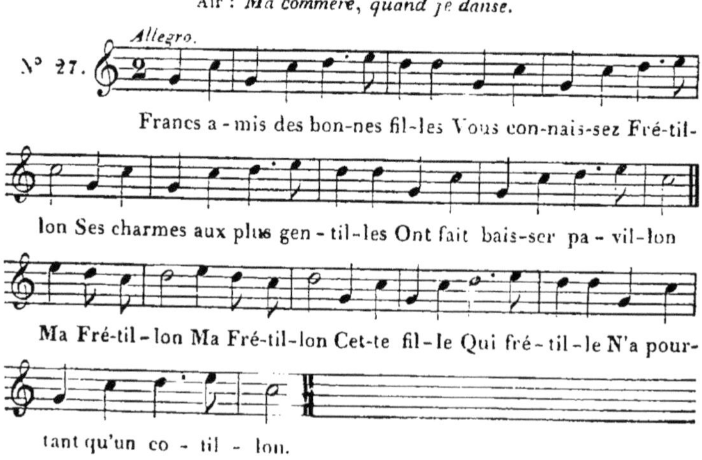
Allegro.
N° 27.
Francs a - mis des bon-nes fil-les Vous con-nais-sez Fré-til-
lon Ses charmes aux plus gen - til-les Ont fait bais-ser pa - vil-lon
Ma Fré-til - lon Ma Fré-til-lon Cet-te fil - le Qui fré - til - le N'a pour-
tant qu'un co - til - lon.

UN TOUR DE MAROTTE.

Air : *La marmotte a mal au pied.*

No 28.

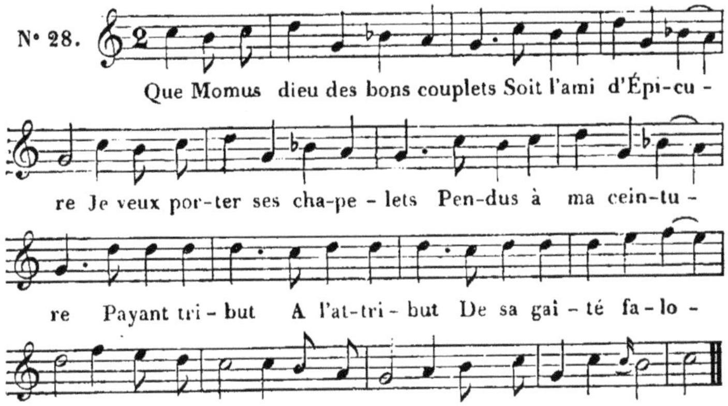
Que Momus dieu des bons couplets Soit l'ami d'Épi-cu -
re Je veux por-ter ses cha-pe - lets Pen-dus à ma cein-tu -
re Payant tri - but A l'at-tri - but De sa gai - té fa-lo -
te De main en main Jusqu'à demain Passons-nous la ma - rot - te.

LA DOUBLE IVRESSE.

Air : *Que ne suis-je la fougère !*

No 29.

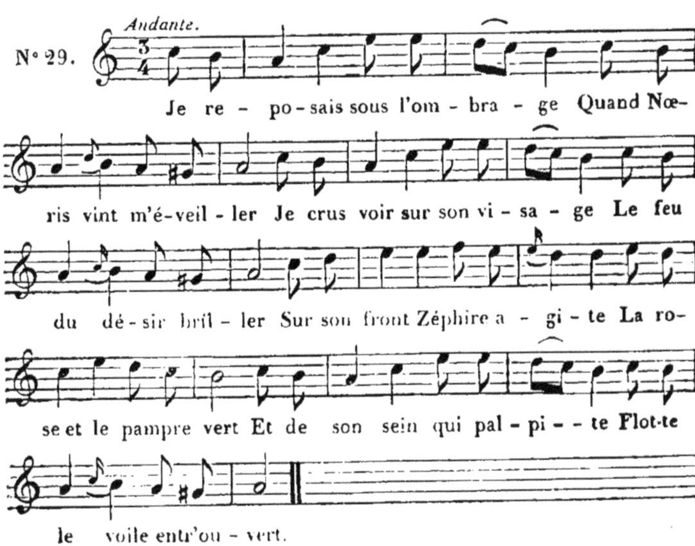
Andante.
Je re - po-sais sous l'om - bra - ge Quand Nœ-
ris vint m'é-veil - ler Je crus voir sur son vi - sa - ge Le feu
du dé-sir bril - ler Sur son front Zéphire a - gi - te La ro-
se et le pampre vert Et de son sein qui pal - pi - - te Flot-te
le voile entr'ou - vert.

VOYAGE AU PAYS DE COCAGNE.

Air de la Contredanse de la Rosière.

Allegretto.
N° 30
Ah! vers u - ne ri - ve Où sans peine on vi-ve Qui
m'aime me sui-ve Vo - yageons gaîment I - vre de champa-gne Je
bats la campa-gne Et vois de Co - ca-gne Le pa - ys charmant.
Ter - re ché - rie Sois ma pa - trie Qu'i - ci je rie Du
sort in-con-stant Pour moi tout change Bonheur é - tran-ge Je
bois et man - ge Sans un sou comptant.

LE COMMENCEMENT DU VOYAGE.

Air du Vaudeville des Chevilles de Maître Adam.

Allegretto
N° 31.
Vo - yez a - mis cet - te bar-que lé - gè - re Qui
de la vi - e es - saie en - cor les flots El - le con-
tient gen - til - le pas-sa - gè - re Ah! so - yons-en les

pre-miers ma-te-lots Dé-jà les eaux l'en-lè-vent au ri-
va-ge Que dou-ce-ment el-le fuit pour tou-jours.
Nous qui vo-yons com-men-cer le vo-ya-ge Par
nos chan-sons é-ga-yons-en le cours.

LA MUSIQUE.

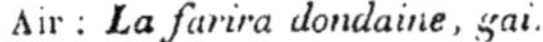
Air : *La farira dondaine, gai.*

Allegretto.
N° 32.
Pur-geons nos des-serts Des chan-sons à boi-re
Vivent les grands airs Du Con-ser-va-toi-re Bon! La fa-ri-
ra don-dai-ne Gai! La fa-ri-ra don-dé.

LES GOURMANDS.

Air : *Tout le long de la rivière.*

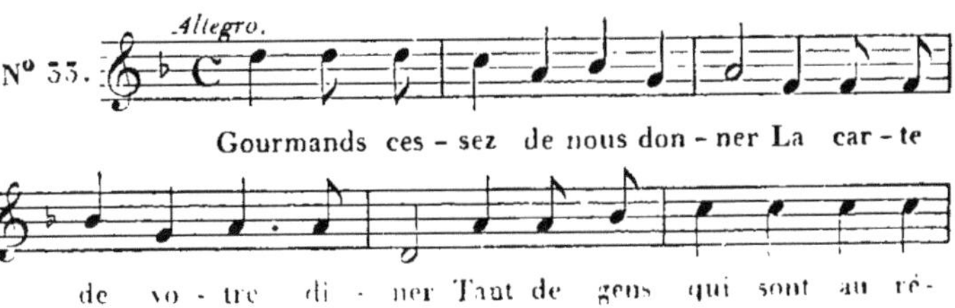
Allegro.
N° 33.
Gourmands ces-sez de nous don-ner La car-te
de vo-tre di-ner Tant de gens qui sont au ré-

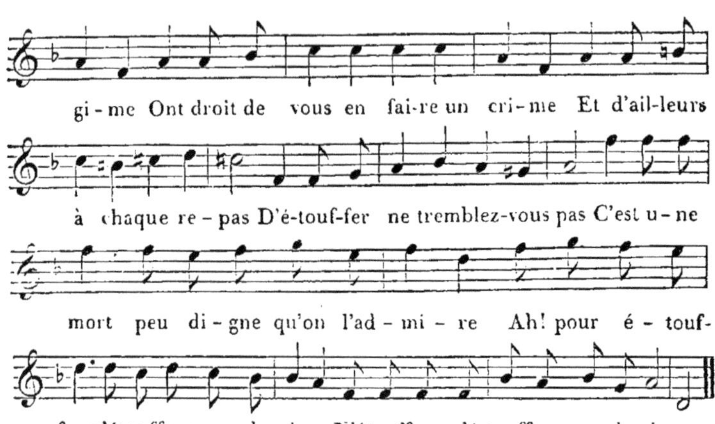
gi - me Ont droit de vous en fai-re un cri - me Et d'ail-leurs
à chaque re - pas D'é-touf-fer ne tremblez-vous pas C'est u - ne
mort peu di - gne qu'on l'ad - mi - re Ah! pour é - touf-
fer n'étouffons que de ri-re N'étouffons n'é-touffons que de ri-re.

MA DERNIÈRE CHANSON, PEUT-ÊTRE.

Air : *Eh quoi! vous sommeillez encore?* (de Fanchon.)

N° 34.

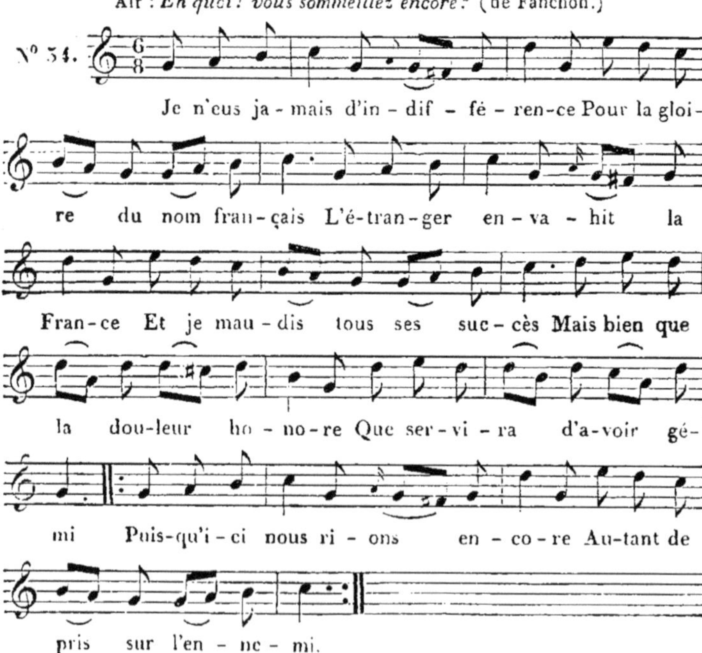
Je n'eus ja - mais d'in - dif - fé - ren-ce Pour la gloi-
re du nom fran - çais L'é-tran-ger en - va - hit la
Fran-ce Et je mau - dis tous ses suc - cès Mais bien que
la dou-leur ho - no-re Que ser-vi - ra d'a-voir gé-
mi Puis-qu'i - ci nous ri - ons en - co - re Au-tant de
pris sur l'en - ne - mi.

ÉLOGE DES CHAPONS.

Air : *Ah! le bel oiseau, maman.*

Allegretto.
N° 35.
Pour ma part moi j'en ré-ponds Oui pou-let-tes Oui co-
quettes Pour ma part moi j'en réponds Bien heureux sont les cha-
pons! Exempts du tendre embar-ras Qui mai-grit l'es-pèce hu-
maine Comme ils sont dodus et gras Ces bons ci-toyens du Mai-ne!

LE BON FRANÇAIS.

Air : *J'ons un curé patriote.*

Allegro.
N° 36.
J'ai-me qu'un Russe soit Russe Et qu'un Anglais soit An-
glais Si l'on est Prussien en Prusse En Fran-ce soyons Fran-
çais Lorsqu'i-ci nos cœurs é-mus Comptent des Français de
plus Mes a - mis mes a - - mis So-yons de no-tre pa-
ys Oui so-yons de no-tre pa-ys.

LA GRANDE ORGIE.

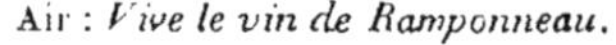
Air : *Vive le vin de Ramponneau.*

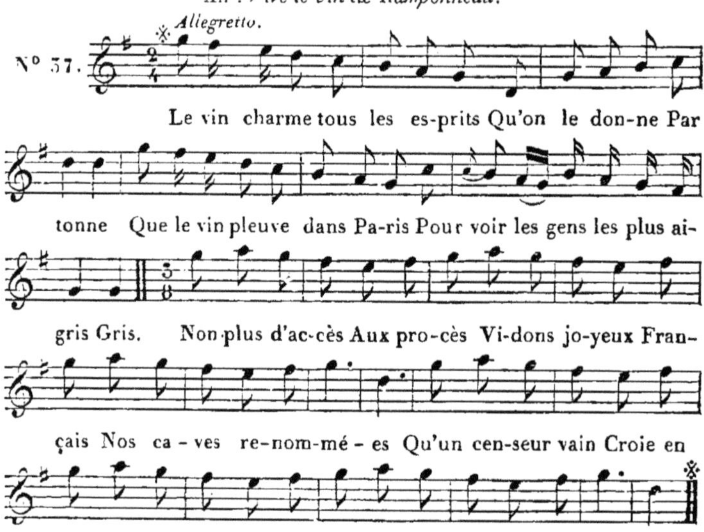
Allegretto.
N° 37.
Le vin charme tous les es-prits Qu'on le don-ne Par
tonne Que le vin pleuve dans Pa-ris Pour voir les gens les plus ai-
gris Gris. Non plus d'ac-cès Aux pro-cès Vi-dons jo-yeux Fran-
çais Nos ca - ves re-nom-mé - es Qu'un cen-seur vain Croie en
vain Fuir le pou-voir du vin Et s'en- ivre aux fu-mé - es.

LE JOUR DES MORTS.

Air : *Mirliton.*

Allegretto.
N° 38.
A - mis en-ten - dez les clo-ches Qui par leurs sons
gé - mis - - sans Nous font de bru - yans re - - pro-ches
Sur nos ri-res in-dé - - cens Il est des a - mes en pei-ne
Dit le prêtre in - té - res - sé C'est le jour des morts mir - li-

ton mir-li - tai-ne *Re-qui-es-cant in pa - - ce.*

REQUÊTE

PRÉSENTÉE PAR LES CHIENS DE QUALITÉ.

Air : *Faut d'la vertu, pas trop n'en faut.*

Allegretto.
N° 39.
Puis-que le ty-ran est à bas Laissez-nous prendre
nos é-bats Puisque le ty-ran est à bas Lais-sez-nous prendre
nos é-bats. Aux maî - tres des cé-ré-mo-ni-es Plai-
se or - don-ner que dès de-main En-trent sans lais-se aux
Tui-le-ri-es Les chiens du faubourg Saint-Germain.

LA CENSURE.

Air : *Qu'est-ce que ça m'fait à moi.*

Allegretto.
N° 40.
Que sous le joug des li - - - braires On li-
vre en-cor nos au - - teurs Aux cen-seurs aux inspec-
teurs Rats-de-ca - ve lit - té - rai - res Ri - ez-en a - vec

moi. Ah! pour rire Et pour tout di-re Il n'est be-soin ma
foi D'un pri-vi-lé--ge du roi!

BEAUCOUP D'AMOUR.

Musique de B. Wilhem.

Andante

N° 41.

Mal-gré la voix de la sa-ges-

se Je vou-drais a-mas-ser de l'or Sou-

dain aux pieds de ma mai-tres--se J'i-rais dé-po-

ser mon tré-sor A-dè-le à ton moindre ca-

pri---ce Je sa-tis-fe-rais cha-que jour Non

non je n'ai point d'a-va-ri---ce Non non je

n'ai point d'a-va-ri--ce Mais j'ai beau-coup beau-

coup d'a-mour Non non je n'ai point d'a-va-ri-

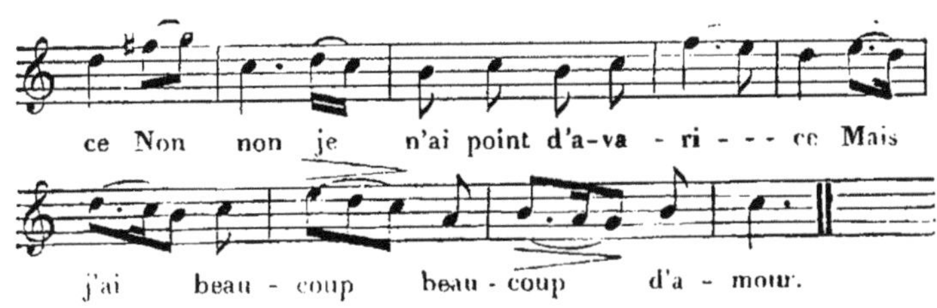
ce Non non je n'ai point d'a-va - ri - - - ce Mais
j'ai beau - coup beau - coup d'a - mour.

LES BOXEURS ou L'ANGLOMANE.

Air : *A coups d'pied, à coups d'poing.*

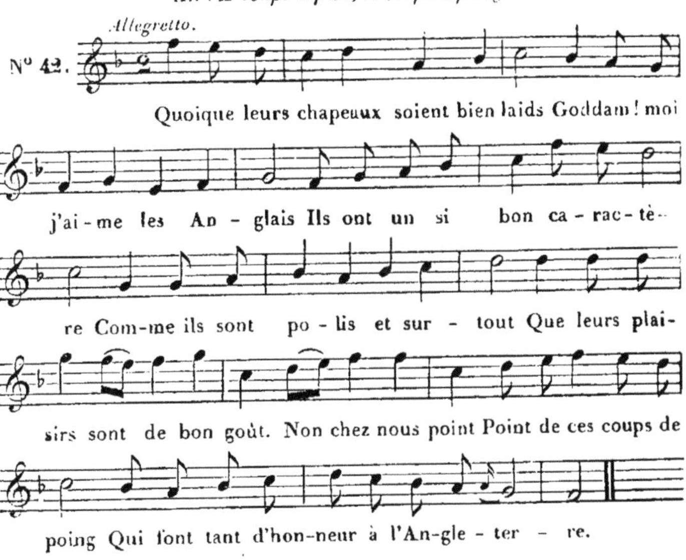
Allegretto.
N° 42.
Quoique leurs chapeaux soient bien laids Goddam! moi
j'ai-me les An - glais Ils ont un si bon ca - rac - tè -
re Com-me ils sont po - lis et sur - tout Que leurs plai -
sirs sont de bon goût. Non chez nous point Point de ces coups de
poing Qui font tant d'hon-neur à l'An-gle - ter - re.

LE TROISIÈME MARI.

Air : *Ah! ah! qu'elle est bien.*

Moderato.
N° 43.
Mal-heu - - reu-se a-vec deux ma - ris Au troi-siè
me enfin je com mande.

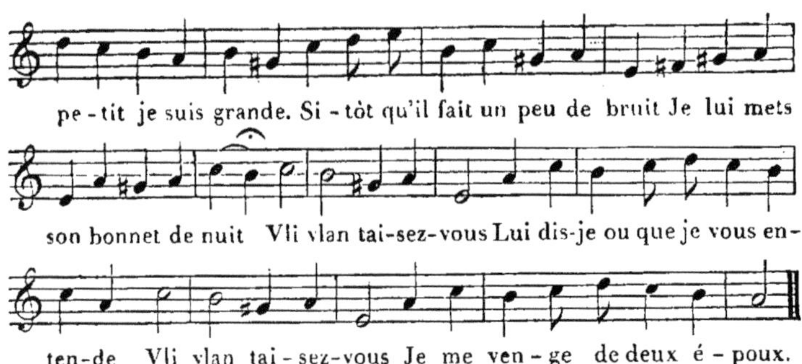
pe-tit je suis grande. Si-tôt qu'il fait un peu de bruit Je lui mets
son bonnet de nuit Vli vlan tai-sez-vous Lui dis-je ou que je vous en-
ten-de Vli vlan tai-sez-vous Je me ven-ge de deux é-poux.

VIEUX HABITS! VIEUX GALONS!

Air du vaudeville des Deux Edmond.

Allegretto.
N° 44.
Tout marchands d'ha-bits que nous som-mes Mes-
sieurs nous ob-ser-vons les hom-mes D'un bout du monde à l'au-tre
bout L'ha-bit fait tout L'ha-bit fait tout Dans
les chan-ge-mens qui sur-vien-nent Les dépouilles nous ap-par-
tien-nent Tou-jours en grand nous cal-cu-lons Vieux
ha-bits vieux ga-lons Vieux ha-bits vieux ga-lons.

LE NOUVEAU DIOGÈNE.

Air : *Bon voyage, cher Dumolet.*

Allegro.
N° 45.
Di - o - gè - ne Sous ton man-teau Libre et con-
tent je ris et bois sans gè - ne Di - o - gè - ne Sous ton man-
teau Libre et con - tent je rou - le mon ton-neau. Dans l'eau dit-
on tu pui - sas ta ru - des - se Je n'en bois
pas et censeur plus joyeux En moins d'un mois pour lo - ger ma sa-
ges - se J'ai mis à sec un ton-neau de vin vieux.

LE MAITRE D'ÉCOLE.

Air : *Pan, pan, pan.*

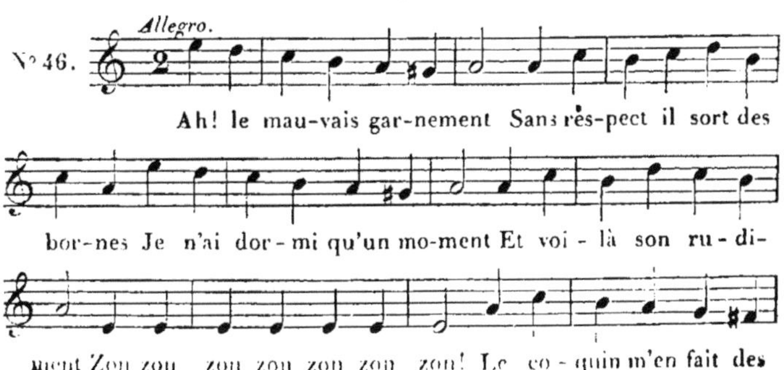
Allegro.
N° 46.
Ah! le mau-vais gar-nement Sans res-pect il sort des
bor-nes Je n'ai dor - mi qu'un mo-ment Et voi - là son ru - di-
ment Zon zon zon zon zon zon zon! Le co - quin m'en fait des

cor-nes Zon zon zon zon zon zon zon! Le fouet pe-tit po-lis-son.

LE CÉLIBATAIRE.

Air : *Eh! le cœur à la danse.*

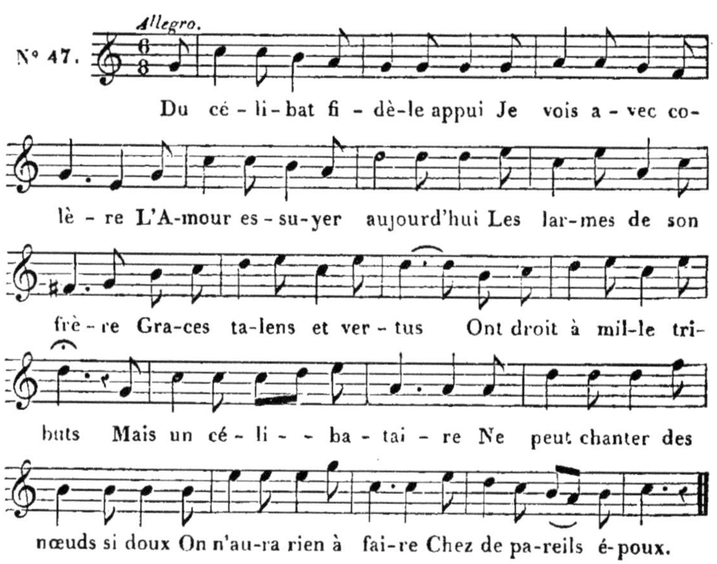
Allegro.
N° 47.
Du cé-li-bat fi-dè-le appui Je vois a-vec co-
lè-re L'A-mour es-su-yer aujourd'hui Les lar-mes de son
frè-re Gra-ces ta-lens et ver-tus Ont droit à mil-le tri-
buts Mais un cé-li--ba-tai-re Ne peut chanter des
nœuds si doux On n'au-ra rien à fai-re Chez de pa-reils é-poux.

TRINQUONS.

Air: *La Catacoua.*

Allegro.
N° 48.
Trinquer est un plai-sir fort sa-ge Qu'au-jourd'hui
l'on trai-te d'a-bus Quand du mé-pris d'un tel u-
sa-ge Les gens du mon-de sont im-bus De le sui-

vre a - mis fai - sons gloi - re Ri - ant de qui peut s'en mo-
quer Et pour cho - quer Nous pro - vo - quer Le verre en
main en rond nous at - ta - quer D'abord nous trinquerons pour
boi - re Et puis nous boi-rons pour trin - quer.

PRIÈRE D'UN ÉPICURIEN.

Air : *Ce magistrat irréprochable.*

N° 49
Allegretto.
Du champ que ton pouvoir fé - con - de Vois la Mort
trancher les é - - pis Amour ré - pa - ra - teur du
mon - de Ré-veil-le les cœurs as - sou - pis Ré - veil - le
les cœurs as - - sou - - pis A l'horreur qui nous en - vi-
ron - ne Op-po - se le be-soin d'ai - - mer Et si la
Mort tou - jours mois - son - ne Ne te las - se pas de se -

mer Et si la Mort tou - jours mois - son - ne Ne te las-
se pas de se - mer Ne te las - se pas de se - mer.

LES INFIDÉLITÉS DE LISETTE.

Air : *Ermite, bon ermite.*

N° 30.

Allegro.
Li - set-te dont l'em - pi - re S'é-tend jus-qu'à mon
vin J'é-prou-ve le mar - ty - re D'en deman-der en vain Pour
souf-frir qu'à mon â - ge Les coups me soient comp - tés Ai-
je compté vo - la-ge Tes in - fi - dé-li-tés? Li - set-te ma Li-
set - te Tu m'as trom-pé tou - jours Mais vi-ve la gri - set - te
Je veux Li - set - te Boire à nos a - mours.

LA CHATTE.

Air : *La petite Cendrillon.*

N° 31.

Andantino
Tu re - veilles ta mai-tres-se Mi-net - te par tes longs

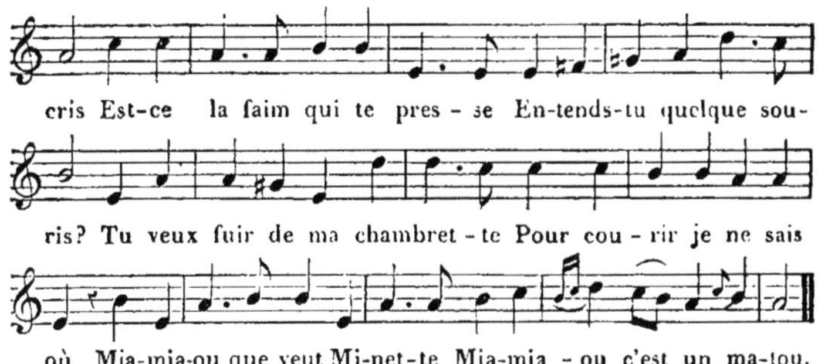
cris Est-ce la faim qui te pres - se En-tends-tu quelque sou-
ris? Tu veux fuir de ma chambret - te Pour cou - rir je ne sais
où Mia-mia-ou que veut Mi-net-te Mia-mia - ou c'est un ma-tou.

ADIEUX DE MARIE STUART.

Musique de M. B. Wilhem.

N° 52.
Moderato.
Adieu charmant pa - ys de Fran - ce Que je
dois tant ché - rir Ber - ceau de mon heu - reuse en-
fan - ce A-dieu te quit-ter c'est mou-rir Charmant pa - ys de
Fran - - ce Ber - ceau de mon en - - fan - - ce A-
dieu te quit-ter c'est mou-rir Te quit - ter c'est mou - rir Te quit-
ter c'est mou-rir.
fin.
Toi que j'a-dop-tai pour pa - tri - e Et
d'où je crois me voir ban - nir En - tends les a-dieux de Ma-

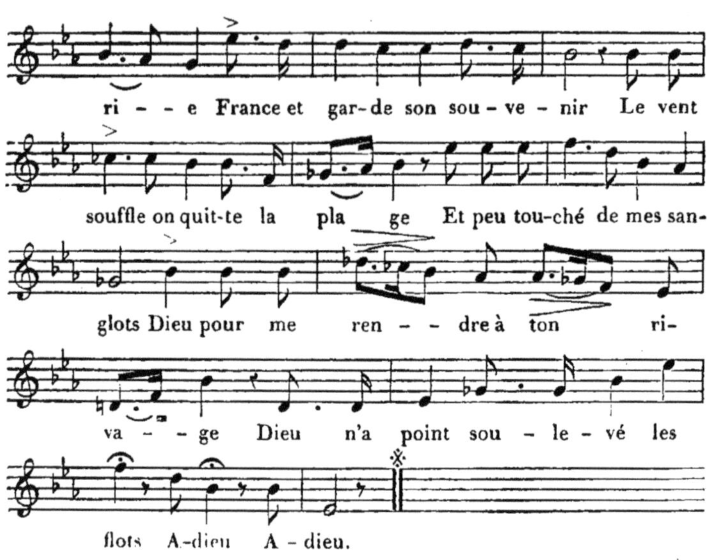
ri - - e France et gar-de son sou - ve - nir Le vent
souffle on quit-te la pla ge Et peu tou-ché de mes san-
glots Dieu pour me ren - - dre à ton ri-
va - - ge Dieu n'a point sou - le - vé les
flots A-dieu A - dieu.

LES PARQUES

Air : *Elle aime à rire, elle aime à boire.*

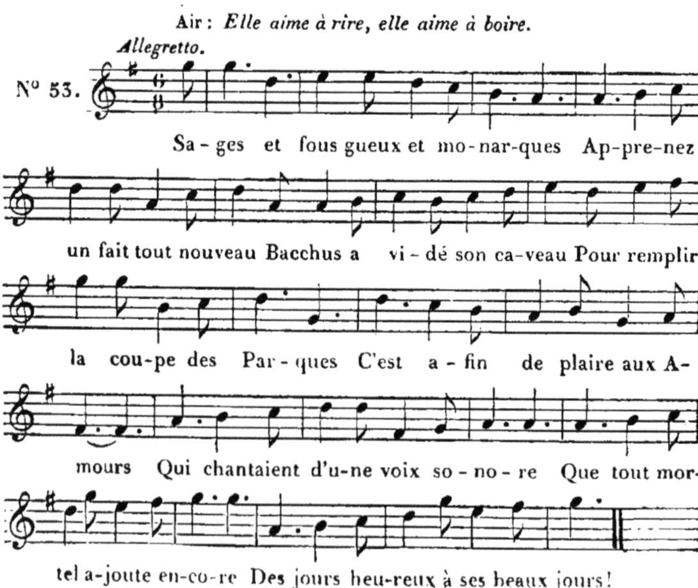
Allegretto.
N° 53.
Sa - ges et fous gueux et mo-nar-ques Ap-pre-nez
un fait tout nouveau Bacchus a vi - dé son ca-veau Pour remplir
la cou-pe des Par - ques C'est a - fin de plaire aux A-
mours Qui chantaient d'u-ne voix so - no - re Que tout mor-
tel a-joute en-co-re Des jours heu-reux à ses beaux jours!

MON CURÉ.

Air : *Un chanoine de l'Auxerrois.*

Allegretto.
N° 54.
Le cu - ré de no - tre ha - meau S'empres-se à
vi-der son ton-neau Pour quand viendra l'autom - - ne Bé-nis-sant
Dieu de ses pré-sens A sa nièce enfant de sei-ze ans Il dit par-
fois mi - gnon - ne Ca-che-moi bien ce qu'on fe - ra Le diable au-
ra ce qu'il pour-ra Eh ! zon zon zon Bai - se - moi Suzon Et ne dam - nons per-son - - ne.

LA BOUTEILLE VOLÉE.

Air : *La fête des bonnes gens.*

Allegro.
N° 55.
Sans bruit dans ma re - trai - te Hi - er l'a-mour pé - né-
tra Cou - rut à ma ca - chet - te Et de mon vin s'em-pa-
ra De-puis lors ma voix som-meil-le A-dieu tous mes joyeux

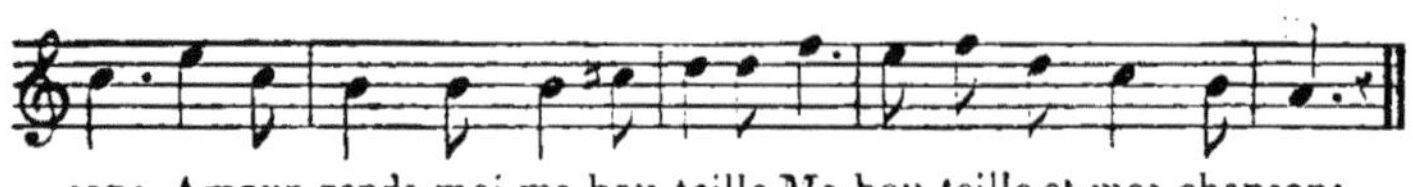
sons Amour rends-moi ma bou-teille Ma bou-teille et mes chansons.

LE BOUQUET.

Air : *La catacoua.*

Allegro.
N° 56.
Lais-sons la mu-si-que nou-vel-le No-tre a-mie
est du bon vieux temps Sur un air aus-si sim-ple
qu'el-le Chantons des cou-plets bien chan-tans L'es-prit du
jour a son mé-ri-te Mais c'est sur-tout lui que je
crains Ses traits si fins Me sem-blent vains Pour les en-
tendre il faudrait des de-vins A-mis chan-tons à Mar-gue-
ri-te De vieux airs et de gais re-frains.

L'HOMME RANGÉ.

Air : *Eh! lon lon la, landerirette.*

Andante.
N° 57.
Maint vieux pa-rent me ré-pè-te Que je

man-ge ce que j'ai Je veux à cet - te sor - net - te
Répondre en hom - me ran - gé Quand on n'a rien Lan - de - ri-
ret - te On ne sau - rait man - ger son bien.

BON VIN ET FILLETTE.

Air : *Ma tante Urlurette.*

Allegro.
N° 58.
L'Amour l'a-mi-tié le vin Vont é - ga-yer ce fes-
tin Nargue de toute é - ti - quet - te Tur - lu - ret - te
Tur-lu-ret - te Bon vin et fil-let - - te!

LE VOISIN.

Air : *Eh! qu'est-ce que ça m'fait a moi.*

Allegretto.
N° 59.
Je veux voi - sin et voi - - si - ne Quit-ter
le ton li - - ber - - tin J'ai pour oncle un sa-cris-
tain Et pour sœur u - ne bé - gui - ne Mais le diable est bien

fin Qu'en di - tes-vous ma voi - si-ne Mais le diable est bien
fin Qu'en di - tes-vous mon voi-sin.

LE CARILLONNEUR.

Air : *Mon système est d'aimer le bon vin.*

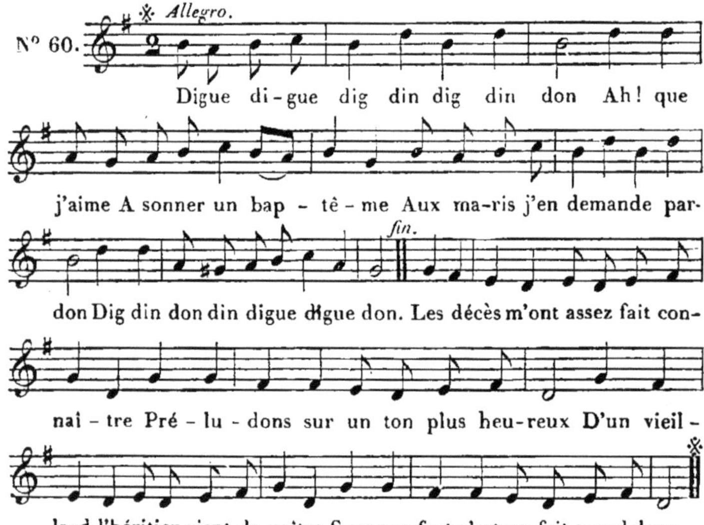
N° 60.
Allegro.
Digue di-gue dig din dig din don Ah! que
j'aime A sonner un bap - tê - me Aux ma-ris j'en demande par-
fin.
don Dig din don din digue digue don. Les décès m'ont assez fait con-
nai - tre Pré - lu - dons sur un ton plus heu-reux D'un vieil -
lard l'héritier vient de naître Sonnons fort c'est un fait scandaleux.

LA VIEILLESSE.

Air de la Pipe de tabac.

N° 61.
Allegro.
Nous ver-rons le temps qui nous pres-se Se-mer les
ri-des sur nos fronts Quoi qu'il nous res - te de jeu-

nes - se Oui mes a - mis nous vieil-li - rons Mais à cha-
que pas voir re - naî - tre Plus de fleurs qu'on n'en peut cueil-
lir Fai - re un doux em-ploi de son ê - tre Mes a - mis
ce n'est pas vieil - lir.

LES BILLETS D'ENTERREMENT.

Air : *C'est un lanla, landerirette.*

Andante.
N° 62.
Notre al - lé-gres-se est trop vi - ve A - mis pendant
nos é - bats Sa-chez qu'un jo - li con - vi-ve Sent ap-
procher son tré - pas Faut-il qu'à la fleur de l'â-ge Il ait
ce pres-sen-ti - ment Tous nos bil - lets de ma - ri - a - ge
Sont des bil - lets d'en - ter - re - ment Tous nos bil - lets
de ma - ri - a - ge Sont des bil - lets d'en - ter-re - ment.

LA DOUBLE CHASSE.

Air : *Tonton, tontaine, tonton.*

Allegro.
N° 63.
Al-lons chas-seur vite en cam - pagne Du cor n'en-
tends-tu pas le son Tonton ton - ton ton - tai - ne Tonton Pars et qu'au - près de ta com - pa-gne L'amour chasse dans ta mai - son Ton - ton ton-tai - ne ton - ton.

LES PETITS COUPS.

Air : *Tout ça passe en même temps.*

Allegro.
N° 64.
Mai-tres de tous nos dé - sirs Réglons-les sans les con-
train - dre Plus l'ex - cès nuit aux plai - - sirs A - - mis
plus nous de - vons crain - - dre Au - tour d'u - ne pe-ti - te
ta-ble Dans ce pe - tit coin fait pour nous Du vin vieux d'un hôte ai-
ma - ble Il faut boi-re Il faut boi-re Il faut boire à pe-tits

coups Il faut boi-re Il faut boi-re Il faut boire à pe - tits coups.

ÉLOGE DE LA RICHESSE.

Air du vaudeville d'Arlequin Cruello.

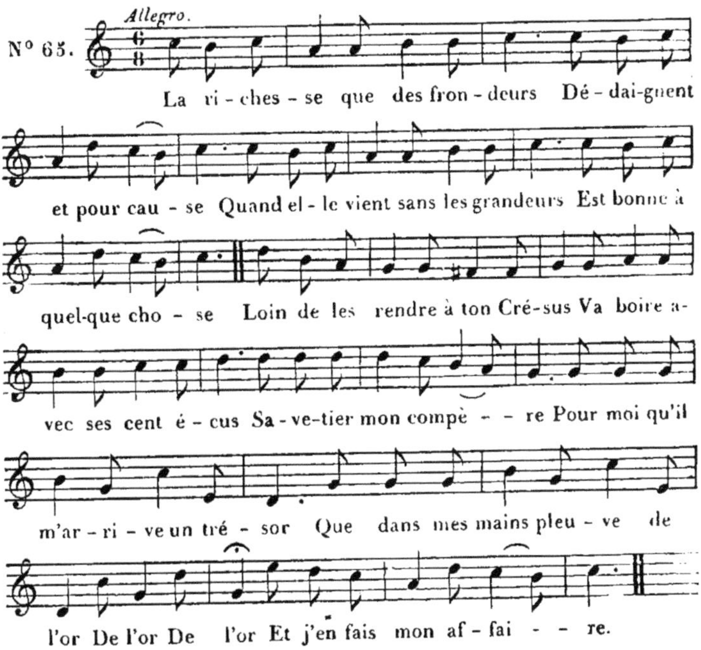
Allegro.
N° 65.
La ri - ches - se que des fron - deurs Dé - dai-gnent
et pour cau - se Quand el - le vient sans les grandeurs Est bonne à
quel-que cho - se Loin de les rendre à ton Cré-sus Va boire a-
vec ses cent é - cus Sa - ve-tier mon compè - - re Pour moi qu'il
m'ar - ri - ve un tré - sor Que dans mes mains pleu - ve de
l'or De l'or De l'or Et j'en fais mon af - fai - - re.

LA PRISONNIÈRE ET LE CHEVALIER.

Musique de Karr.

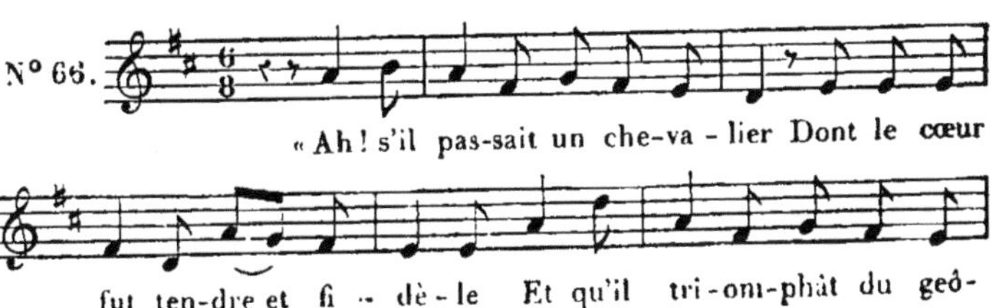
N° 66.
« Ah ! s'il pas-sait un che-va - lier Dont le cœur
fut ten-dre et fi - dè - le Et qu'il tri-om-phât du geô-

lier Qui me re - tient dans ma tou - rel - le Je bé - ni-
rais ce che - va - lier Je bé - ni - rais ce che - va-
lier Je bé - ni - rais ce che - va - lier. »

LES MARIONNETTES.

Air: *La marmotte a mal au pied.*

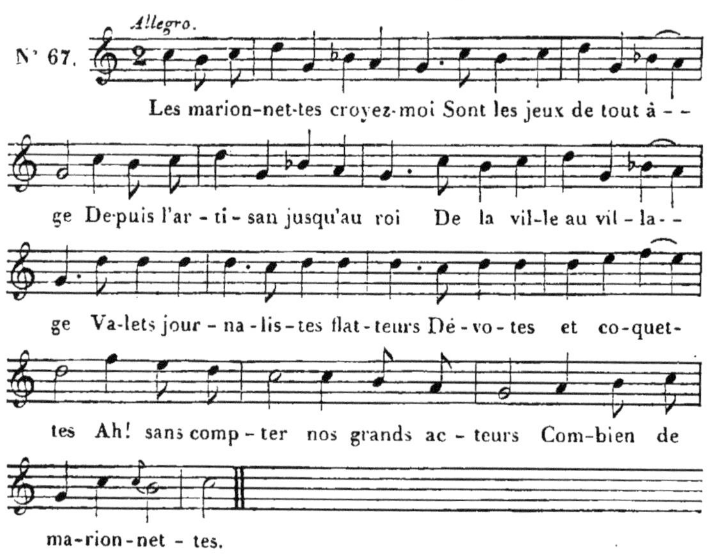
Allegro.
N° 67.
Les marion-net-tes croyez-moi Sont les jeux de tout â - -
ge Depuis l'ar - ti - san jusqu'au roi De la vil-le au vil - la - -
ge Va-lets jour - na - lis - tes flat - teurs Dé - vo - tes et co-quet-
tes Ah! sans comp - ter nos grands ac - teurs Com-bien de
ma-rion - net - tes.

LE SCANDALE.

Air : *La farira dondaine, gai.*

Allegretto
N° 68.
Aux dra - mes du jour Lais - sons la mo - ra - le

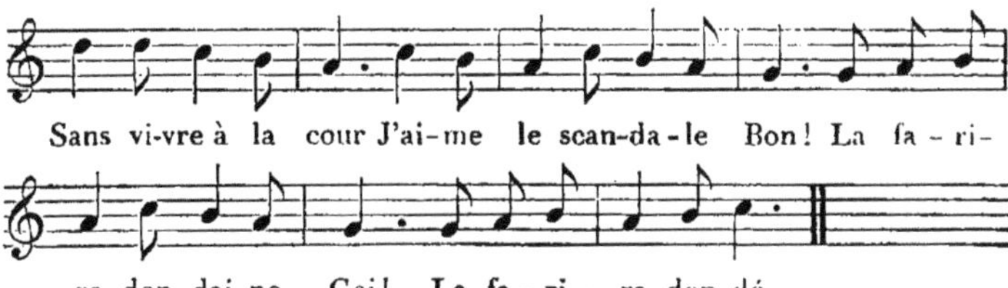
Sans vi-vre à la cour J'ai-me le scan-da-le Bon! La fa-ri-
ra don-dai-ne Gai! La fa-ri-ra don-dé.

LE DOCTEUR ET SES MALADES.

Air : *Ainsi jadis un grand prophète.*

Allegretto.
Nº 69.
Sa-lu-ons de main-tes ra-sa-des Ce docteur à qui je dois tant Mais pour vi-si-ter ses ma-
la-des Je crains qu'il n'é-chap-pe à l'in-stant A ces
soins son art le con-dam-ne S'il vient un mes-sa-ge en-ne-
mi Fiévreux bu-vez vo-tre ti-san-ne Lais-sez-
nous fê-ter no-tre a-mi.

A ANTOINE ARNAULT.

Air du ballet des Pierrots.

Allegro.
Nº 70.
Je viens d'Montmartre avec ma bê-te Pour fê-ter

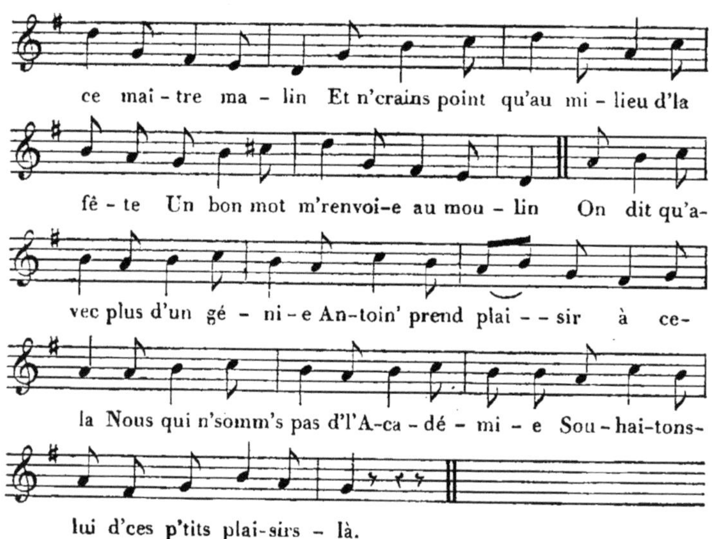
ce mai - tre ma - lin Et n'crains point qu'au mi - lieu d'la
fê - te Un bon mot m'renvoi-e au mou - lin On dit qu'a-
vec plus d'un gé - ni - e An-toin' prend plai - - sir à ce-
la Nous qui n'somm's pas d'l'A-ca - dé - mi - e Sou - hai-tons-
lui d'ces p'tits plai-sirs - là.

LE BEDEAU.

Air : *Sens devant derrière, sens dessus dessous.*

N° 71.

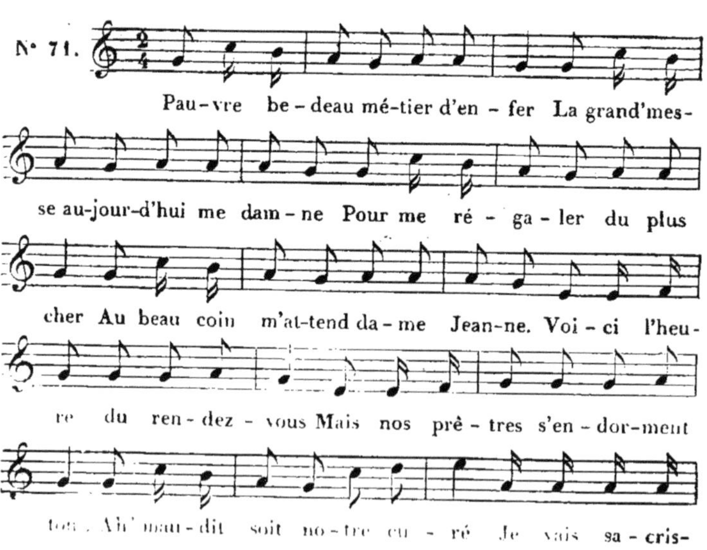
Pau-vre be - deau mé-tier d'en - fer La grand'mes-
se au-jour-d'hui me dam - ne Pour me ré - ga - ler du plus
cher Au beau coin m'at-tend da - me Jean-ne. Voi - ci l'heu-
re du ren - dez - vous Mais nos prê - tres s'en - dor-ment
sa - cris-

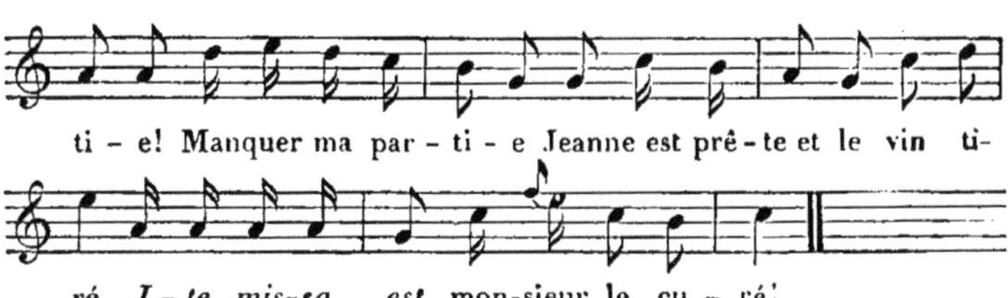
ti - e! Manquer ma par - ti - e Jeanne est prê - te et le vin ti-
ré *I - te mis-sa est* mon-sieur le cu - ré!

ON S'EN FICHE!

Air : *Le fleuve d'oubli.*

N° 72.
Allegro.
De tra - ver-se en tra - ver - se Tout va dans
l'u-nivers De tra-vers Toute femme est perver - se Tout traiteur
e - xi-geant Pour l'argent A tout jeu le sort nous tri-che Mais en-fin
est-on gris Bi-ri - bi On s'en fi-che On s'en fi - che On s'en fi - che.

JEANNETTE.

Musique de Karr.

N° 73.
Fi des co - quettes ma - nié - ré- es Fi des bé-
gueules du grand ton Je pré-fère à ces mijau - ré-es Ma Jean-
net - te ma Jean-ne - ton. Jeu-ne gen - til - le et bien

fai-te El-le est fraiche et ron-de-let-te Son œil
noir est pé-til-lant Pru-des vous di-tes sans
ces-se Qu'el-le a le sein trop sail-lant C'est pour ma
main qui le pres-se Un dé-faut bien at-tra-yant.

LES ROMANS.

Air : *J'ai vu partout dans mes voyages.*

Andante.
N° 74
Tu veux que pour toi je com-po-se Un long ro-
man qui fas-se ef-fet A tes vœux ma rai-son s'op-
po-se Un long ro-man n'est plus mon fait Un long ro-
man n'est plus mon fait Quand l'homme est loin de son au-
ro--re Tous les ro-mans de-vien-nent courts Et je ne
puis long-temps en-co-re Prolonger ce-lui des a-mours Et je ne

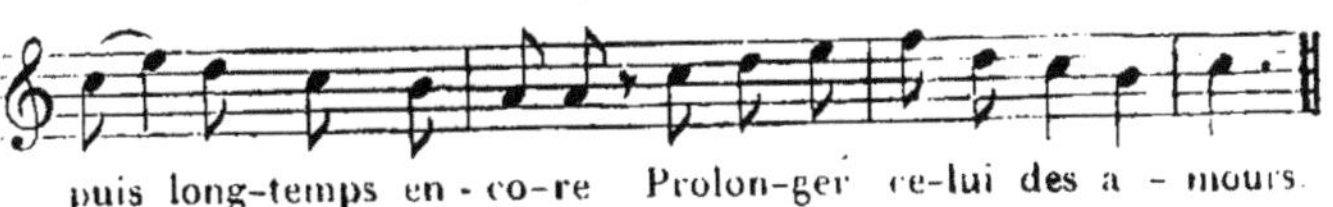
puis long-temps en - co-re Prolon-ger ce-lui des a - mours.

TRAITÉ DE POLITIQUE.

Air : *Ce magistrat irréprochable.*

Allegretto.
N° 75.
Li - se qui rè-gne par la gra - ce Du Dieu qui nous rend tous é - - gaux Ta beau-té que rien ne sur - pas - se Enchaine un peu-ple de ri - - vaux En-chaine un peu - ple de ri - - vaux Mais si grand que soit ton em- pi - re Li-se tes a - mans sont Fran - çais De tes er- reurs per - mets de ri - - re Pour le bon-heur de tes su- jets De tes er - reurs per-mets de ri - re Pour le bon- heur de tes su - jets Pour le bon-heur de tes su - jets.

* L'OPINION DE CES DEMOISELLES.

Air : *Nom d'un chien, j'veut'être épicurien.*

Allegretto.
N° 76.
Quoi c'est donc bien vrai qu'on pa - ri-e Qu'l'enn'mi va
tout r'mettre chez nous Sens sus d'ssous L'Palais-Ro-yal qu'est not' pa-
tri-e S'en ré-joui - rait Cha-cun son in - té - rêt Aus-si point
d'fil-le qui ne cri - e Viv' nos a - mis Nos a - mis les en-n'mis!

* L'HABIT DE COUR,

OU VISITE A UNE ALTESSE.

Air : *Allez-vous-en, gens de la noce.*

Allegro.
N° 77.
Ne ré - pon-dez plus de per - son - ne Je veux de-
ve - nir cour - ti - san Fri - pier vi - te que l'on me
don - ne La dé - fro - que d'un cham-bel - lan Un grand
prince à moi s'in - té - res - se Cou - rons as - sié - ger son sé-

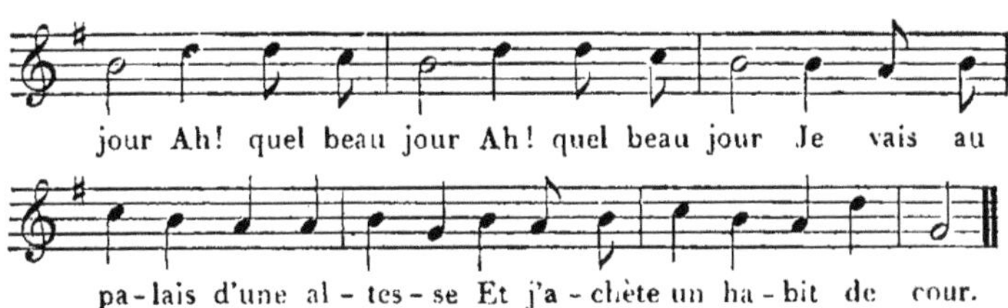
jour Ah! quel beau jour Ah! quel beau jour Je vais au
pa-lais d'une al-tes-se Et j'a-chète un ha-bit de cour.

PLUS DE POLITIQUE.

Air : *Ce jour-là, sous son ombrage.*

Andante.
N° 78.
Ma mie ô vous que j'a-dore Mais qui vous plaignez tou-
jours Que mon pa-ys ait en-co-re Trop de part à mes a-
mours Si la po-li-ti-que en-nui-e Même en frondant les a-
bus Ras-su-rez-vous ma mi-e Je n'en par-le-rai plus.

MARGOT.

Air : *C'est une bouteille*

N° 79.
Chantons Mar-got nos a-mours Mar-got les-te et
bien tour-né-e Que l'on peut bai-ser tou-jours Qui toujours est
chif-fon-né-e Quoi l'em-bras-ser dit un sot Oui c'est

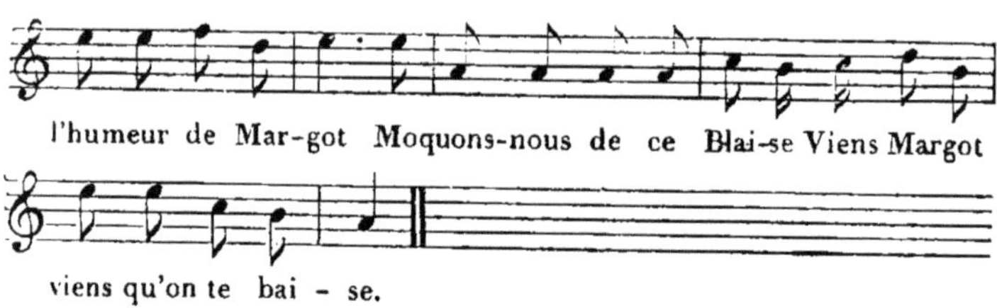
l'humeur de Mar-got Moquons-nous de ce Blai-se Viens Margot
viens qu'on te bai - se.

A MON AMI DÉSAUGIERS.

Air: *La Catacoua.*

Allegro.
Nº 80.
Bon Dé-sau-giers mon ca-ma - ra - de Mets dans tes
po - ches deux fla - cons Puis ras - semble en ver-sant ra-
sa - de Nos au-teurs pi-quans et fé - conds Ra - mè - ne-
les dans l'humble a - si - le Où re - naît le jo - yeux re-
frain Eh! va ton train Gai bou-te-en-train! Mets-nous en
train bien en train tous en train Et rends en - fin au Vau - de-
vil - le Ses gre-lots et son tam-bou - rin.

MA VOCATION.

Air : *Attendez-moi sous l'orme.*

Allegro.
N° 81.
Je - té sur cet - te bou - le Laid ché - tif et souf-
frant É - touf - fé dans la fou - le Fau - te d'être as - sez
grand U - ne plain - te tou - chan - te De ma bou - che sor-
tit Le bon Dieu me dit chan - te Chan - te pau - vre pe - tit.

LE VILAIN.

Air de Ninon chez madame de Sévigné.

Allegretto.
N° 82.
Eh! quoi j'apprends que l'on cri - ti - - - - - - -
que Le *de* qui pré - cè - de mon nom Êtes-vous de no - blesse an-
ti - - - - - - - - - que Moi noble oh! vraiment mes - sieurs non
- - - Non d'au - cu - ne che - va - le - ri - - - e Je n'ai le
bre - vet sur vé - lin Je ne sais

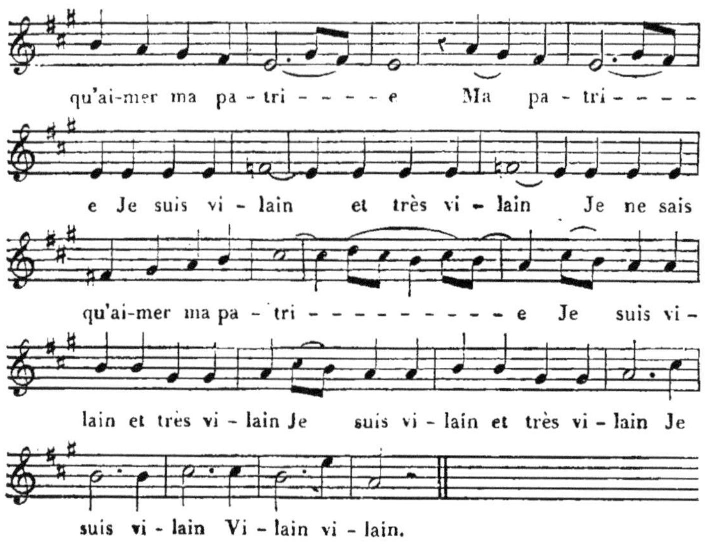
qu'ai-mer ma pa - tri - - - - e Ma pa - tri - - - -
e Je suis vi - lain et très vi - lain Je ne sais
qu'ai-mer ma pa - tri - - - - - - - - - - e Je suis vi -
lain et très vi - lain Je suis vi - lain et très vi - lain Je
suis vi - lain Vi - lain vi - lain.

LE VIEUX MÉNÉTRIER.

Air : *C'est un lanla, landerirette.*

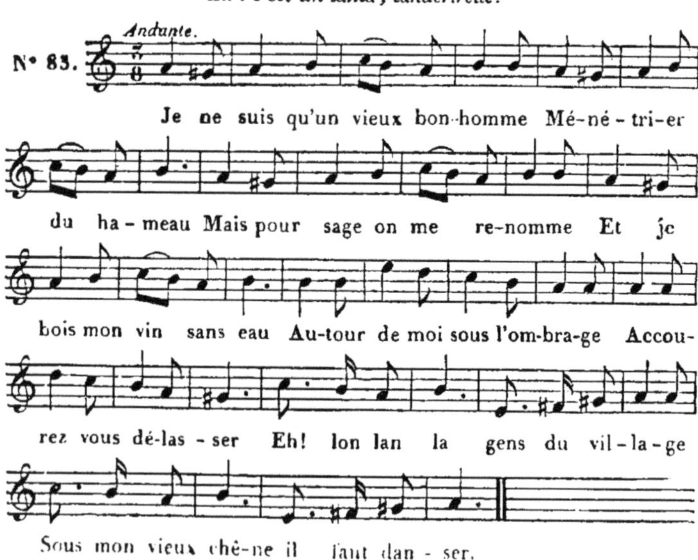
Andante.
N° 83.
Je ne suis qu'un vieux bon-homme Mé-né - tri-er
du ha - meau Mais pour sage on me re-nomme Et je
bois mon vin sans eau Au-tour de moi sous l'om-bra-ge Accou-
rez vous dé-las - ser Eh! lon lan la gens du vil - la - ge
Sous mon vieux chê-ne il faut dan - ser.

LES OISEAUX.

Air de l'Entrevue (de Doche).

Allegretto.
No 84.
L'hi-ver re-dou-blant ses ra-va-ges Dé-
so-le nos toits et nos champs Les oi-seaux sur d'autres ri-
va-ges Por-tent leurs a-mours et leurs chants Mais
le cal-me d'un autre a-si-le Ne les ren-dra pas in-con-
stans. Les oi-seaux que l'hi-ver ex-i-le Re-viendront a-vec le prin-temps Les oi-seaux que l'hi-ver ex-
i-le Re-viendront a-vec le prin-temps.

MÊME CHANSON,

Musique de M. Charles Maurice.

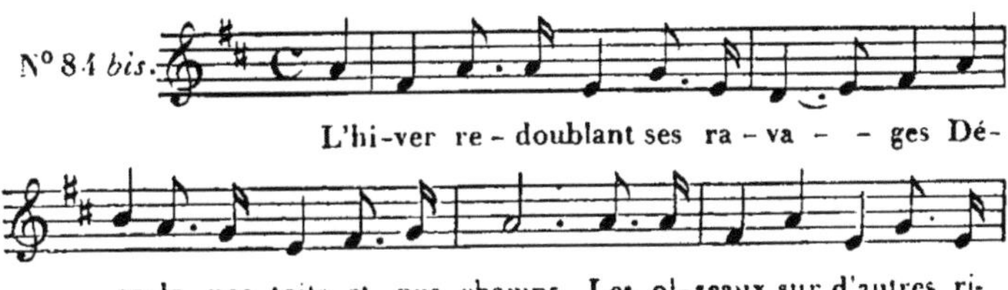
No 84 bis.
L'hi-ver re-doublant ses ra-va-ges Dé-
so-le nos toits et nos champs Les oi-seaux sur d'autres ri-

rit. simp.
va - - ges Por - tent leurs a-mours et leurs chants
Mais le cal-me d'un au - tre a - si - le Ne les rendra pas
a tempo un poco stretto.
in - constans. Les oi-seaux que l'hi-ver ex - i - le Reviendront a - vec le printemps Reviendront a - vec le printemps.

LES DEUX SŒURS DE CHARITÉ.

Air de la Treille de sincérité.

N° 85.
Allegretto.
Dieu lui - même Ordon-ne qu'on ai - me Je vous le
dis en vé - ri - té Sau-vez-vous par la cha-ri - té Sau-
fin.
vez-vous par la cha-ri - té. Vier-ge dé - funte u - ne sœur
gri - se Aux por - tes des cieux ren - con - tra U - ne beau-
té les - te et bien mi-se Qu'on re-gret-tait à l'O-pé-
ra Qu'on re - gret - tait à l'O - pé - ra Tou-tes deux

di-gnes de lou - an-ges Ar - ri-vaient a-près d'heureux
jours L'u-ne sur les aî-les des an - - ges L'au-tre dans
les bras des a - mours.

COMPLAINTE D'UNE DE CES DEMOISELLES.

Air : *Faut d'la vertu, pas trop n'en faut.*

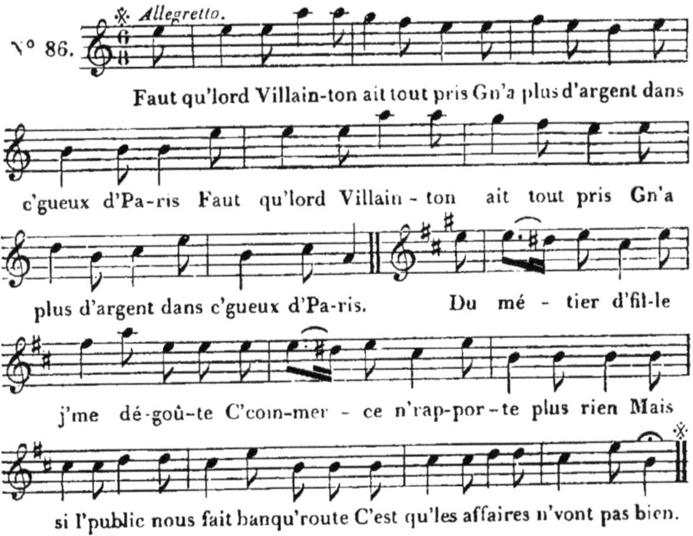
Allegretto.
N° 86.
Faut qu'lord Villain-ton ait tout pris Gn'a plus d'argent dans
c'gueux d'Pa-ris Faut qu'lord Villain - ton ait tout pris Gn'a
plus d'argent dans c'gueux d'Pa-ris. Du mé - tier d'fil-le
j'me dé-goû-te C'com-mer - ce n'rap-por-te plus rien Mais
si l'public nous fait banqu'route C'est qu'les affaires n'vont pas bien.

'CE N'EST PLUS LISETTE.

Air : *Eh! non, non, non, vous n'êtes pas Ninette.*

Allegretto.
N° 87.
Quoi Li-set-te est - ce vous Vous en ri - che toi-

let-te Vous a-vec des bi-joux Vous a-vec u-ne ai-
gret-te Eh! non non non Vous n'ê-tes plus Li-set-te Eh!
non non non Ne por-tez plus ce nom.

L'HIVER.

Air : *Une fille est un oiseau.*

Allegretto.
N° 88.
Les oiseaux nous ont quit-té Dé-jà l'hiver qui les
chasse Étend son manteau de gla-ce Sur nos champs et nos ci-
tés A mes vi-tres scin-til-lan-tes Il tra-ce des fleurs bril-
lan-tes Il rend mes portes bru-yan-tes Et fait gre-lo-ter mon
chien Réveillons sans plus at-ten-dre Mon feu qui dort sous la
cen--dre Chauf-fons-nous chauf-fons-nous
bien Chauf-fons-nous chauf-fons-nous bien.

LE MARQUIS DE CARABAS.

Air du roi Dagobert.

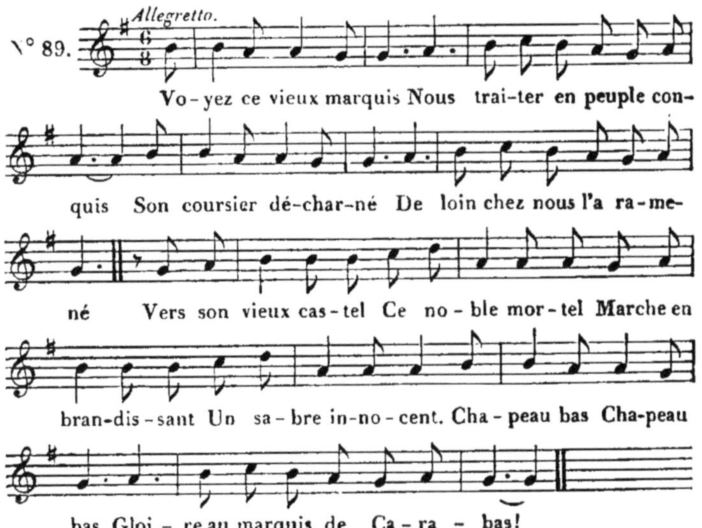
Allegretto.
N° 89.
Vo-yez ce vieux marquis Nous trai-ter en peuple con-
quis Son coursier dé-char-né De loin chez nous l'a ra-me-
né Vers son vieux cas-tel Ce no-ble mor-tel Marche en
bran-dis-sant Un sa-bre in-no-cent. Cha-peau bas Cha-peau
bas Gloi-re au marquis de Ca-ra-bas!

MA RÉPUBLIQUE.

Air du vaudeville de la petite Gouvernante.

Andante.
N° 90.
J'ai pris goût à la ré-pu-blique De-puis que
j'ai vu tant de rois Je m'en fais gloire et je m'ap-
pli-que A lui don-ner de bon-nes lois On n'y com-
mer-ce que pour boi-re On n'y ju-ge qu'avec gai-

té Ma ta-ble est tout son ter - ri - toi - re Sa de - vi-
se est la li - - ber - - té Ma table est tout son ter - ri-
toi - re Sa de - vi - se est la li - ber - té Sa de - vi-
se est la li - ber - té.

L'IVROGNE ET SA FEMME.

Air : *Quand les bœufs vont deux à deux.*

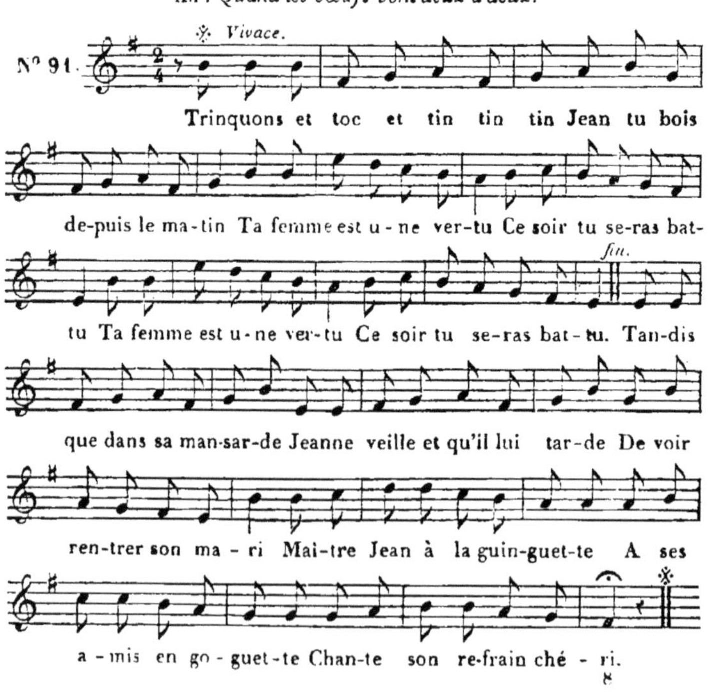
Vivace.
Nº 91.
Trinquons et toc et tin tin tin Jean tu bois
de-puis le ma-tin Ta femme est u - ne ver-tu Ce soir tu se-ras bat-
fin.
tu Ta femme est u-ne ver-tu Ce soir tu se-ras bat-tu. Tan-dis
que dans sa man-sar-de Jeanne veille et qu'il lui tar-de De voir
ren-trer son ma - ri Mai-tre Jean à la guin-guet-te A ses
a - mis en go - guet-te Chan-te son re-frain ché - ri.

PAILLASSE.

Air : *Amis, dépouillons nos pommiers.*

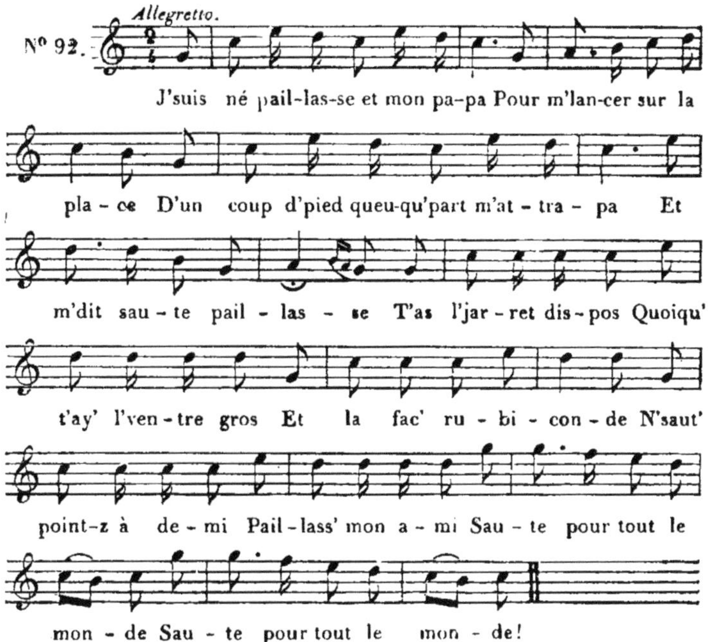
Allegretto.
Nº 92.
J'suis né pail-las-se et mon pa-pa Pour m'lan-cer sur la
pla - ce D'un coup d'pied queu-qu'part m'at - tra - pa Et
m'dit sau - te pail - las - se T'as l'jar - ret dis - pos Quoiqu'
t'ay' l'ven - tre gros Et la fac' ru - bi - con - de N'saut'
point-z à de - mi Pail - lass' mon a - mi Sau - te pour tout le
mon - de Sau - te pour tout le mon - de!

MÊME CHANSON.

Air : *Mon père était pot.*

Allegretto
Nº 92 bis.
J'suis né pail - las-se et mon pa - pa Pour m'lan-cer
sur la pla - - ce D'un coup d'pied queu-qu'part m'at - tra-
pa Et m'dit sau - te Pail - las - - se T'as l'jar - ret dis

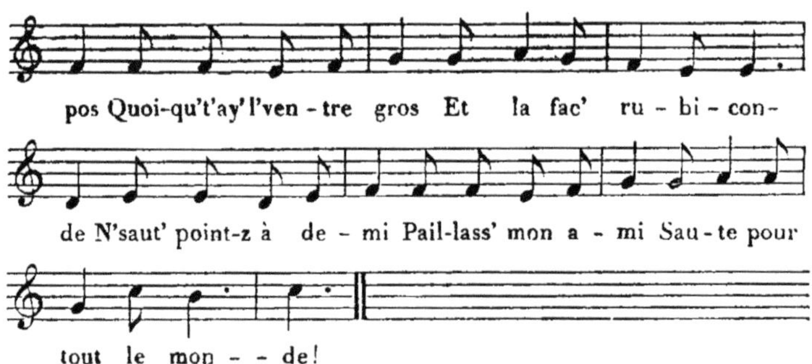
pos Quoi-qu't'ay' l'ven - tre gros Et la fac' ru - bi - con-
de N'saut' point-z à de - mi Pail-lass' mon a - mi Sau - te pour
tout le mon - - de!

MON AME.

Air du vaudeville des Scythes et des Amazones.

Andante.
N° 93.
C'est à ta-ble quand je m'en - i - vre De gaî-té
de vin et d'a - mour Qu'in-cer-tain du temps qui va
sui - vre J'aime à pré - voir mon dernier jour J'aime à pré-
voir mon der - nier jour Il semble a-lors que mon a - me me
quitte A-dieu lui dis-je à ce banquet jo - yeux Ah! sans re-
grets mon a - me partez vi-te En souri-ant remontez dans les
cieux Ah! sans re - grets mon a - me partez vi - te En sou - ri-

ant remontez dans les cieux Remon-tez remontez dans les
cieux Re-mon-tez re-mon-tez dans les cieux.

LE JUGE DE CHARENTON.

Air de la Codaqui.

Allegretto.
N° 94.
Un maî-tre fou qui dit-on Fit ja-dis mainte fre-
dai-ne Des lo-ges de Charen-ton S'est en-fui l'au-tre se-
mai-ne Chez un ju-ge qui grif-fon-nait Il ar-ri-ve et
prend si-mar-re et bon-net Puis à l'au-dience hors d'ha-
lei-ne Il entre et sou-dain dit pré-chi pré-cha Et pa-ta-
ti et pa-ta-ta Prêtons bien l'o-reille à ce dis-cours-là.

LES CHAMPS.

Air : *Mon amour était pour Marie.*

Moderato.
N° 95.
Ro-se par-tons voi-ci l'au-ro-re Quit-te ces

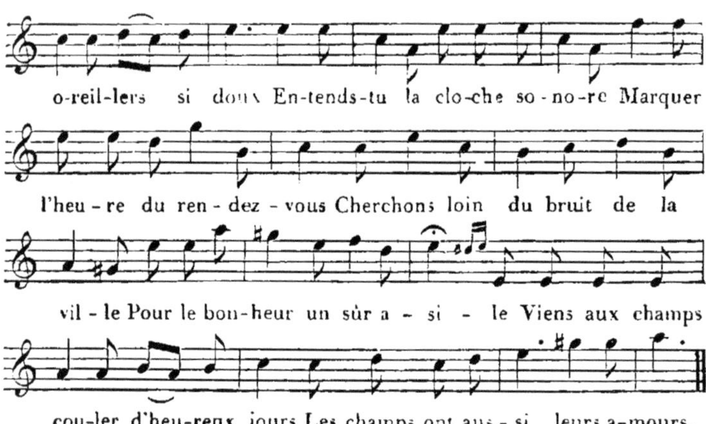
o-reil-lers si doux En-tends-tu la clo-che so-no-re Marquer
l'heu-re du ren-dez-vous Cherchons loin du bruit de la
vil-le Pour le bon-heur un sûr a-si-le Viens aux champs
cou-ler d'heu-reux jours Les champs ont aus-si leurs a-mours.

LA COCARDE BLANCHE.

Air des Trois Cousines.

N° 96.
Allegro.
Jour de paix et de dé-li-vran-ce Qui des vain-
cus fit le bon-heur Beau jour qui vint rendre à la
Fran-ce La co-car-de blanche et l'hon-neur! Chan-tons
ce jour cher à nos bel-les Où tant de rois par leurs suc-
cès Ont pu-ni les Fran-çais re-bel-les Et sau-
vé tous les bons Fran-çais.

'MON HABIT.

Air du vaudeville de Décence.

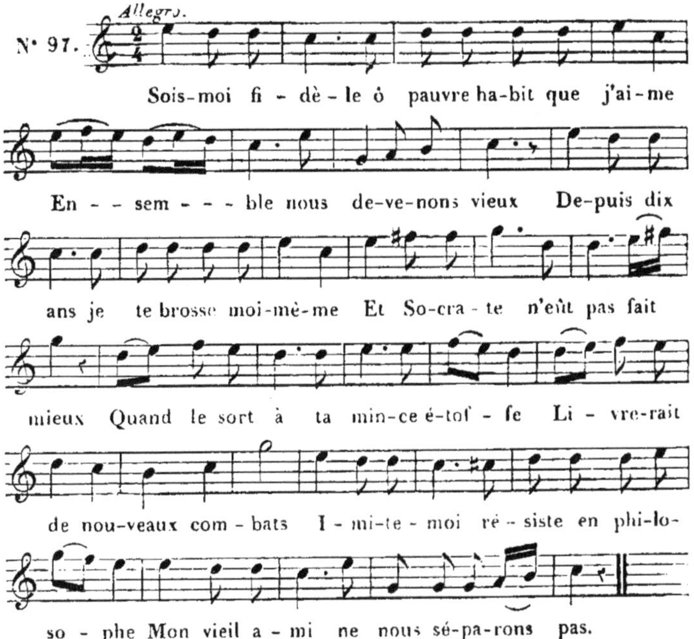
Allegro.
N° 97.
Sois-moi fi - dè - le ô pauvre ha-bit que j'ai-me
En - - sem - - - ble nous de-ve-nons vieux De-puis dix
ans je te brosse moi-mè-me Et So-cra - te n'eût pas fait
mieux Quand le sort à ta min-ce é-tof - fe Li - vre-rait
de nou-veaux com - bats I - mi-te - moi ré - siste en phi-lo-
so - phe Mon vieil a - mi ne nous sé-pa-rons pas.

MÊME CHANSON.

Musique de M. Gaubert.

Allegro moderato.
N° 97 bis.
Sois - moi fi - dèle ô pauvre ha-bit que j'ai -
me En - - semble nous de-venons vieux Depuis dix ans je te
bros-se moi - mè-me Et So - cra - te n'eût pas fait

mieux Quand le sort à ta min - ce é-tof - - - - - fe Li-vre-
rait de nou - veaux combats I - - mi-te-moi ré - siste en philo-
so - phe Mon vieil a - mi ne nous sé - parons pas.

LE VIN ET LA COQUETTE.

Air : *Je veux bientôt quitter l'empire.*

N° 98.
A - mis il est u - ne co - quet - te Dont je re-
doute i-ci les yeux Que sa va - ni-té qui me guet-te Me trouve
tou-jours plus jo - - yeux Me trou-ve toujours plus jo -
yeux C'est au vin de rendre im - pos - - si-ble Le tri-om-
phe qu'elle es-pé-rait Le tri-om-phe qu'elle espé-rait Ah! cachons
bien que mon cœur est sen - si - ble La coquette en a-bu - - se-
rait La co-quette en a - bu - se - rait.

LA SAINTE-ALLIANCE BARBARESQUE.

Air de Calpigi.

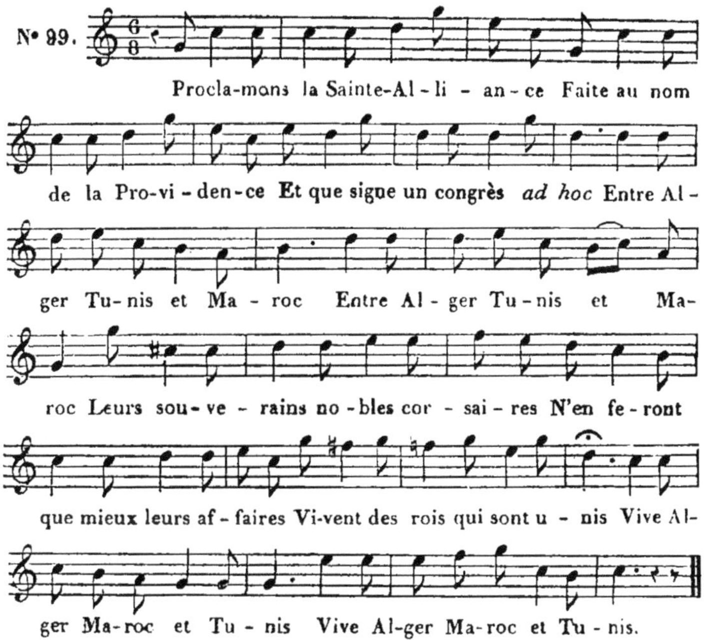
N° 99.
Procla-mons la Sainte-Al - li - an - ce Faite au nom
de la Pro-vi - den-ce Et que signe un congrès *ad hoc* Entre Al -
ger Tu- nis et Ma - roc Entre Al - ger Tu - nis et Ma-
roc Leurs sou- ve - rains no - bles cor - sai - res N'en fe - ront
que mieux leurs af - faires Vi-vent des rois qui sont u - nis Vive Al-
ger Ma-roc et Tu - nis Vive Al-ger Ma-roc et Tu - nis.

L'ERMITE ET SES SAINTS.

Air : *Rassurez-vous, ma mie.*

N° 100.
Andante.
On va rouvrir la Sor-bon-ne L'é-glise attend ses dé-
crets On ne brûle en-cor per-son-ne Mais les fa - gots sont tout
prêts. Par bon - heur chez nous ha - bi-te Un saint d'un esprit plus

doux Er - mi-te bon er - mi-te Pri - ez pri - ez pour nous.

MON PETIT COIN.

Air du vaudeville de la petite Gouvernante.

Andante.
N° 101.
Non le mon-de ne peut me plaire Dans mon coin
re - tour-nons rê - - ver Mes a - mis de vo - tre ga-
lè - re Un for - çat vient de se sau - ver Dans le dé-
sert que je me tra ce Je suis li - bre comme un bé -
douin Mes a - mis lais-sez-moi de gra - ce Lais-sez-moi
dans mon pe - tit coin Mes a - mis lais - sez - moi de
gra - ce Lais-sez-moi dans mon pe - tit coin.

LE SOIR DES NOCES.

Air : *Zon! ma Lisette, zon! ma Lison.*

Allegretto.

N° 102.

L'hy - - men prend cet - - te nuit Deux

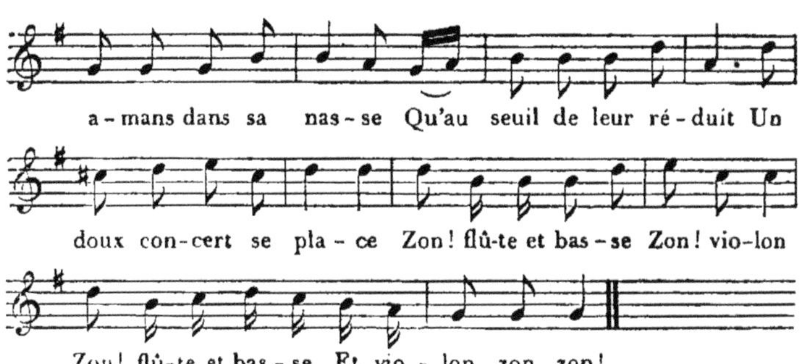
a-mans dans sa nas-se Qu'au seuil de leur ré-duit Un
doux con-cert se pla-ce Zon! flû-te et bas-se Zon! vio-lon
Zon! flû-te et bas-se Et vio-lon zon zon!

L'INDÉPENDANT.

Air : *Je vais bientôt quitter l'empire.*

Allegretto.
N° 103.
Res-pec-tez mon in-dé-pen-dan-ce Es-cla-ves
de la va--ni-té C'est à l'om-bre de l'in-di-
gen-ce Que j'ai trou-vé la li--ber--té Que j'ai trou-
vé la li--ber--té Ju-gez aux chants qu'elle m'in-
spi-re Quel est sur moi son as-cendant Quel est sur moi son ascen-
dant Li-set-te seule a le droit de sou-ri-re Quand je lui
dis je suis in-dépendant Je suis je suis je suis in-dé-pen-dant.

LES CAPUCINS.

Air : *Faut d'la vertu, pas trop n'en faut.*

Allegretto.
N° 104.
Bé - nis soient la vierge et les saints On ré-ta-blit les
ca-pu-cins Bé - nis soient la vierge et les saints On ré-ta-blit les
fin.
ca-pu-cins. Moi qui fus ca - pu - cin in - di - gne Je
vais ma pe - ti - te Fan-chon Du Sei-gneur ven-dan-
ger la vi - gne En re - pre-nant le ca - pu-chon.

LA BONNE VIEILLE.

Musique de B. Wilhem.

Moderato.
N° 105.
Vous vieil-li - rez ô ma bel - le mai - tres - - se
Vous vieil-li - rez et je ne se-rai plus Pour moi le temps sem-
ble dans sa vi - tes - - se Compter deux fois les jours que j'ai per-
dus Sur - vi-vez - moi mais que l'â - ge pé - ni - - ble

espress.
Vous trouve encor fi - dè-le à mes le-çons Et bon-ne vieille au
coin d'un feu pai - si - ble De votre a-mi ré-pé-tez les chansons.

MÊME CHANSON,

Air : *Muse des bois et des plaisirs champêtres.*

N° 105 bis.
Andante.
Vous vieil-li - rez ô ma bel-le mai-tres-se
Vous vieil-li - rez et je ne se - rai plus Pour moi le
temps sem-ble dans sa vi - tes - se Comp-ter deux fois les jours
que j'ai per-dus Sur - vi - vez - moi mais que l'â - ge pé-
ni - ble Vous trouve en - cor fi - dè - le à mes le - çons
Et bon - ne vieille au coin d'un feu pai - si - ble De vo-tre a-
mi ré - pé - tez les chan - sons De vo - - tre a-
mi re - pé - tez les chan - sons.

MÊME CHANSON,

Musique de E. Bruguière.

Andante.
N° 105 ter.
Vous vieil - li - rez ô ma bel - le maî-
tres - se vous vieil - li - rez et je ne se - rai plus
Pour moi le temps sem - ble dans sa vi - tes - se Comp-ter deux
fois les jours que j'ai per-dus Sur-vi-vez-moi mais que
l'â-ge pé-ni-ble Vous trouve encor fi - dè - - - le à mes le-
çons Et bon - ne vieil-le au coin d'un feu pai - si - ble
De vo - tre a - mi re - pé - tez les chan - sons De
vo - tre a - mi ré - pé - tez les chan - sons.

LA VIVANDIÈRE.

Musique de B. Wilhem.

Allegro.
N° 106.
Vi-van-diè - re du ré - gi - ment C'est Ca - tin qu'on me

nom - me Je vends je donne et bois gaiment Mon vin et mon ro-
gom - me J'ai le pied les-te et l'œil mu-tin Tin-tin tin - tin tin-
tin t'lin tin - tin J'ai le pied les-te et l'œil mu - tin Sol-
dats voi - là Ca - tin.

COUPLETS A MA FILLEULE.

Air : *J'étais bon chasseur autrefois.*

Moderato.
N° 107.
Ma fil - leu - le où dia - ble a-t-on pris Le pau - vre
par-rain qu'on vous don - ne Ce choix seul ex - ci - te vos
cris De bon cœur je vous le par - don - - - ne
Point de bon-bons à ce re - pas A vos yeux ce - la doit me
nui - re Mais mon en - fant ne pleu - rez pas Vo - tre par -
rain vous fe - ra ri - - - re.

L'EXILÉ.

Air : *Ermite, bon Ermite.*

Allegro.
N° 108.
A d'ai-ma-bles com - pa-gnes Un - e jeu-ne beau-
té Di - sait dans nos cam-pa-gnes Rè-gne l'hu-ma-ni - té Un
é-tranger s'a - van-ce Qui par-mi nous er-rant Re-demande la
Fran-ce Qu'il chante en sou-pi - rant D'u - ne ter-re ché - ri - e
C'est un fils dé - so - lé Rendons u - ne pa - tri- e U-ne pa-
tri - e Au pau - vre e-xi - lé.

MÊME CHANSON,

ROMANCE A DEUX VOIX,

Musique de M. A. Romagnesi.

N° 108 bis.
Andante con moto.
Soprano.
A d'aimables com-pa - gnes U-ne jeune beau-
Tenore.
A d'aimables com-pa - gnes U- ne jeu-ne beau-

té Di-sait dans nos mon-ta - gnes Règne l'huma-ni - té
té Di-sait dans nos mon-ta - gnes Règne l'huma-ni -té
Un é-tranger s'a-van - ce Qui parmi nous er-rant Redemande la
Un é-tranger s'a-van - ce Qui parmi nous er-rant Redemande la
Fran - ce Qu'il chante en sou-pi - rant D'u-ne ter-re ché-
Fran - ce Qu'il chante en sou-pi - rant D'u-ne ter-re che-
ri - e C'est le fils dé-so - lé Ren-dons u - ne pa-
ri - e C'est le fils dé-so - lé Ren-dons u - ne pa-
tri - e Au pauvre e-xi - lé Au pauvre e-xi - lé.
tri - e Au pauvre e-xi - lé Au pauvre e-xi - lé.

LA BOUQUETIÈRE ET LE CROQUE-MORT.

Air : *Eh! le cœur à la danse.*

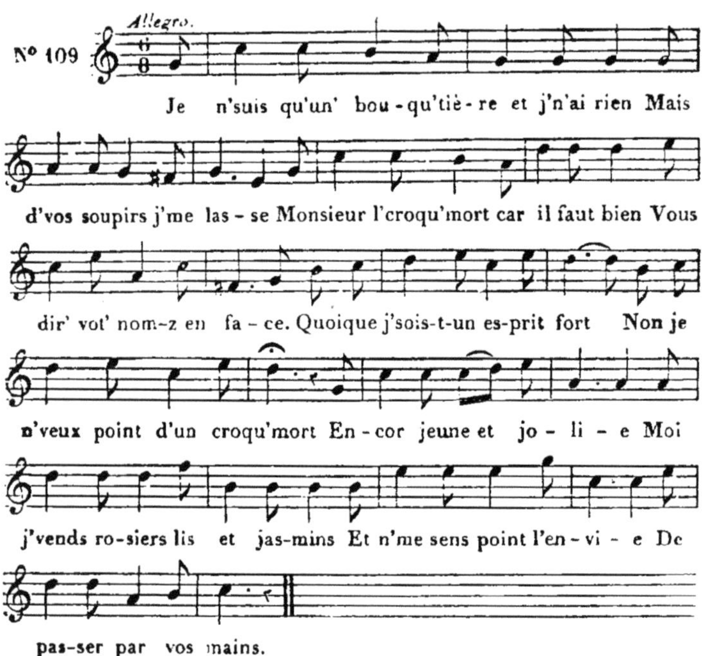
Allegro.
Nº 109
Je n'suis qu'un' bou-qu'tiè-re et j'n'ai rien Mais
d'vos soupirs j'me las-se Monsieur l'croqu'mort car il faut bien Vous
dir' vot' nom-z en fa-ce. Quoique j'sois-t-un es-prit fort Non je
n'veux point d'un croqu'mort En-cor jeune et jo-li-e Moi
j'vends ro-siers lis et jas-mins Et n'me sens point l'en-vi-e De
pas-ser par vos mains.

LA PETITE FÉE.

Air : *C'est le meilleur homme du monde.*

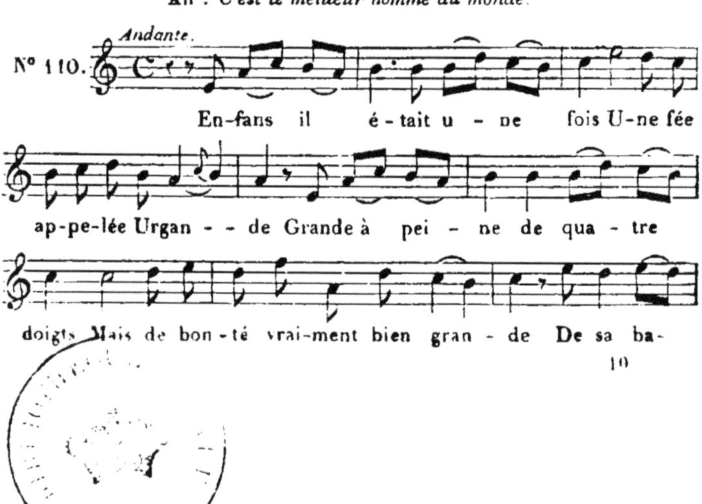
Andante.
Nº 110.
En-fans il é-tait u-ne fois U-ne fée
ap-pe-lée Urgan-de Grande à pei-ne de qua-tre
doigts Mais de bon-té vrai-ment bien gran-de De sa ba-

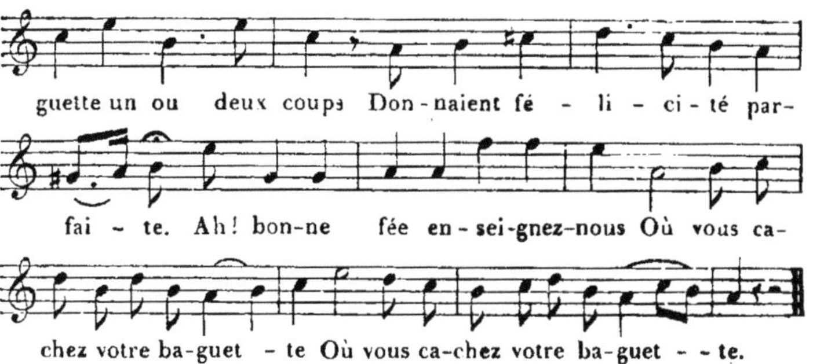
guette un ou deux coups Don-naient fé - li - ci - té par-
fai - te. Ah! bon-ne fée en-sei-gnez-nous Où vous ca-
chez votre ba-guet - te Où vous ca-chez votre ba-guet - - te.

MA NACELLE.

Air : *Eh! vogue la galère.*

Allegretto.
N° 111.
Sur une on-de tran-quil-le Voguant soir et ma-
tin Ma na-celle est do - ci - le Au souffle du destin La voi-le s'en-fle-t-el - - - le J'a - bandon - ne le
bord. Eh! vo-gue ma na - cel - le O doux zé-phir sois-moi fi-
dè - le Eh! vo-gue ma na - cel - le Nous trou - verons un port.

MÊME CHANSON,

Musique de M. Panseron.

N° 111 bis.
Sur u-ne onde tran-quil-le Voguant soir et ma-

tin Ma na - celle est do - ci - le Au souf-fle du des-
tin La voi - le s'en-fle-t-el - le J'a-ban-don - ne le
bord J'a-ban - don - - ne le bord. Eh!
vo-gue ma na - cel-le O doux zé-phir sois-moi fi - dè - le Eh!
vo-gue ma na-cel-le Nous trouve - rons un port Ah!
ah! nous trouve - rons un port Ah! ah! nous trouve-
rons un port.

MONSIEUR JUDAS.

Air : *J'ons un curé patriote.*

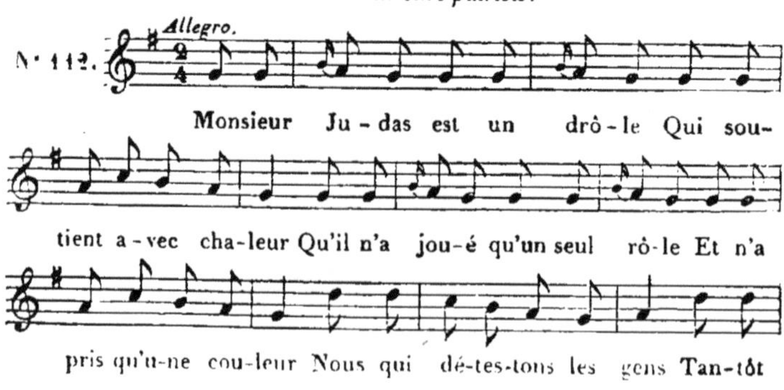
N° 112.
Allegro.
Monsieur Ju - das est un drô - le Qui sou-
tient a - vec cha-leur Qu'il n'a jou-é qu'un seul rô-le Et n'a
pris qu'u-ne cou-leur Nous qui dé-tes-tons les gens Tan-tôt

rou-ges tan-tôt blancs Parlons bas Par-lons bas I - ci
près j'ai vu Ju - das J'ai vu Ju - das j'ai vu Ju - das.

LE DIEU DES BONNES GENS.

Air du Vaudeville de la Partie carrée.

Andante.
N° 113.
Il est un Dieu devant lui je m'in-cli - ne Pauvre et con-
tent sans lui de-mander rien De l'u - ni - vers ob-servant la ma-
chi - ne J'y vois du mal et n'ai-me que le bien Mais le plai-
sir à ma phi-lo - so - phi-e Ré-vè-le assez des cieux in-tel-li-
gents. Le verre en main gaîment je me con-fi - e Au Dieu des bonnes
gens Au Dieu des bon-nes gens Au Dieu des bon-nes gens.

ADIEUX A DES AMIS.

Air : *C'est un lanla, landerirette.*

Andante.
N° 114.
D'i - ci faut-il que je par-te Mes a - mis quand

loin de vous Je ne puis voir sur la car-te D'a-si-
le pour moi plus doux Même au sein de no-tre i-vres-se
Dieu je crois ê-tre à de-main Fouet-te co-cher dit la Sa-
ges-se Et me voi-là sur le che-min.

LA RÊVERIE.

Air : *La signora malade.*

N° 115.
Allegro.
Loin d'une I-ris vo-la-ge Qu'un seigneur m'enle-
vait Au printemps sous l'om-bra-ge Un jour mon cœur rêvait Pri-vé d'une in-fi-dè-le Il rêvait qu'une autre
bel-le Vo-lait à mon secours Venez ve-nez venez ve-nez
mes a-mours! Venez ve-nez ve-nez ve-nez mes a-mours.

*BRENNUS.

Musique de M. B. Wilhem.

Allegro.
N° 116.
Bren - nus di - sait aux bons Gau - lois Cé - lé-
brez un tri - om-phe in - si - - - - gne Les champs de
Rome ont pa-yé mes ex-ploits Et j'en rapporte un cep de vi - - -
gne Grace à la vigne unissons pour tou-jours L'hon-neur les
arts la gloire et les a - mours Grace à la vigne unissons pour tou-
jours L'hon-neur les arts la gloi-re et les a - mours.

MÊME CHANSON,

Air de Pierre-le-Grand.

Andante.
N° 116 bis.
Brennus di - sait aux bons Gau - lois Cé - lé-
brez un tri - om-phe in - si - gne Les champs de Ro-me ont pa-
yé mes ex - ploits Et j'en rap - por-te un cep de vi-

gne Gra-ce à la vi-gne u-nis-sons pour tou-jours
L'honneur les arts la gloi-re et les a-mours.

LES CLEFS DU PARADIS.

Air : *A coups d'pied, à coups d'poing.*

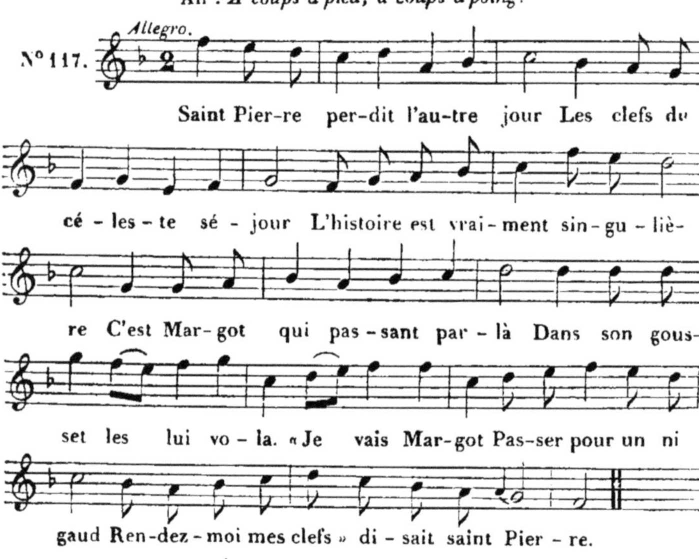
Allegro.
N° 117.
Saint Pier-re per-dit l'au-tre jour Les clefs du
cé-les-te sé-jour L'histoire est vrai-ment sin-gu-liè-
re C'est Mar-got qui pas-sant par-là Dans son gous-
set les lui vo-la. « Je vais Mar-got Pas-ser pour un ni
gaud Ren-dez-moi mes clefs » di-sait saint Pier-re.

SI J'ÉTAIS PETIT OISEAU.

Musique de M. B. Wilhem.

N° 118.
Allegro.
SOPRANO.
Moi qui mê-me au-près des bel-les Voudrais
TENORE.
Moi qui mê-me au-près des bel-les Voudrais

vivre en pas - sa - ger Que je por - te en - vi-e aux
vivre en pas - sa - ger Que je por - te en - vi-e aux
Legieramente.
ai - les De l'oi-seau vif et lé - ger Combien d'es-
ai - les De l'oi - seau vif et lé - ger
pa - - ce il vi - - si - te A vol-ti-ger tout l'in-
Combien d'espace il vi - si - te A vol-ti-ger tout l'in-
vi - - te L'air est doux le ciel est beau. Je vo - le-
vi - te L'air est doux le ciel est beau.
rais vi - te vi - te vi - te Si j'é-tais pe - tit oi-

seau Je vo-le-rais vi-te vi-te vi-te Si j'é-
Je vo-le-rais vi-te vi-te vi-te Si j'é-
taïs pe-tit oi--seau.
tais pe-tit oi--seau.

MÊME CHANSON.

Air : *Il faut que l'on file doux.*

N°118 *bis.*
Allegro
Moi qui même au-près des bel-les Vou-drais
vivre en pas-sa-ger Que je porte en-vi-e aux ai-les De l'oi-
seau vif et lé--ger Com-bien d'es-pa-ce il vi-
si-te A vol-ti-ger tout l'in-vi-te L'air est doux le ciel est
beau Je vo-le-rais vi-te vi-te vi-te Si j'é-tais pe-tit oi-seau.

* LE BON VIEILLARD.

Air : *Contentons-nous d'une simple bouteille.*

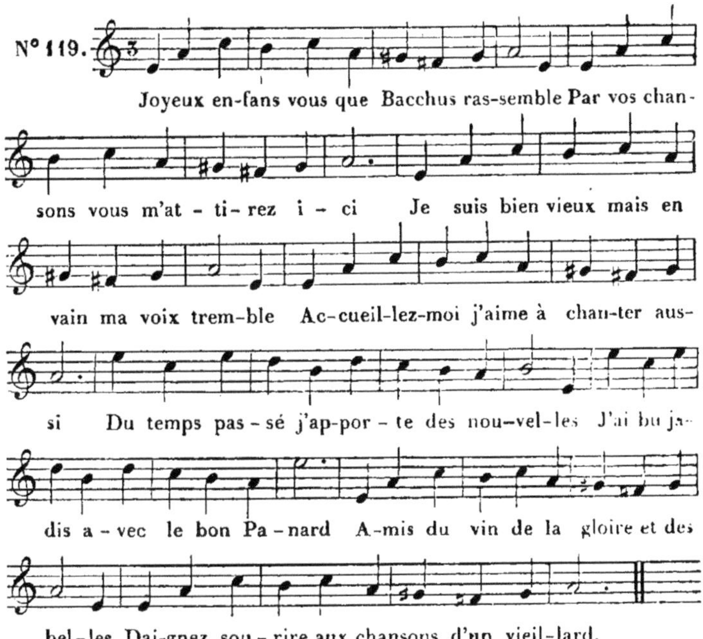
N° 119.
Joyeux en-fans vous que Bacchus ras-semble Par vos chansons vous m'at - ti- rez i - ci Je suis bien vieux mais en
vain ma voix trem-ble Ac-cueil-lez-moi j'aime à chan-ter aus-
si Du temps pas - sé j'ap-por - te des nou-vel-les J'ai bu ja-
dis a - vec le bon Pa - nard A-mis du vin de la gloire et des
bel-les Dai-gnez sou - rire aux chansons d'un vieil-lard.

MÊME CHANSON,

Musique de Bruguière.

N° 119 bis
Andantino.
Jo - yeux en - fans vous que Bacchus ras-
sem - ble Par vos chan-sons vous m'at-ti-rez i - ci Je
suis bien vieux mais en vain ma voix trem-ble Ac-cueil-lez-

moi j'ai-me à chanter aus-si Du temps pas-sé j'ap-
por-te des nou-vel-les J'ai bu ja-dis a-
vec le bon Pa-nard A-mis du vin de la gloire et des
bel-les Dai-gnez sou-rire aux chansons d'un vieil-lard Dai-
gnez sou-ri-re aux chan-sons d'un vieil-lard.
A-mis du vin de la gloire et des bel-les Dai-
A-mis du vin de la gloire et des bel-les
A-mis du vin de la gloire et des bel-les
gnez sou-ri-re aux chansons d'un vieil-lard Dai-
Dai-gnez sou-ri-re aux chansons d'un vieil-lard
Dai-gnez sou-rire aux chansons d'un vieil-lard

gnez sou - - ri - re aux chan-sons d'un vieil-lard.
Dai - gnez sou - ri - re aux chansons d'un vieil-lard.
Dai - gnez sou - ri - re aux chansons d'un vieil-lard.

QU'ELLE EST JOLIE!

Air de Lantara.

N° 120.

Grands dieux combien elle est jo - li - e Cel-le que
j'ai - me-rai tou - jours Dans leur dou - ce mé - lan - co -
li - - e Ses yeux font rê-ver aux a - mours Ses
yeux font rê-ver aux a - mours Du plus beau souffle de la
vi - e A l'a - ni - mer le ciel se plaît Grands dieux combien el - le est jo - li - e Et moi je suis je suis si
laid Grands dieux combien el-le est jo - - li - e Et moi je

suis je suis si laid Et moi je suis je suis si laid.

MÊME CHANSON,

Musique de Guichard Printemps.

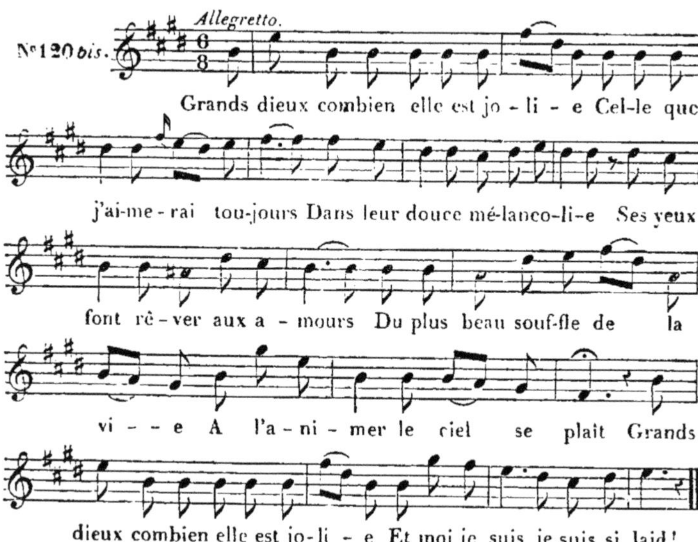
Allegretto.
N° 120 bis.
Grands dieux combien elle est jo - li - e Cel-le que
j'ai-me - rai tou-jours Dans leur douce mé-lanco-li-e Ses yeux
font rê - ver aux a - mours Du plus beau souf-fle de la
vi - - - e A l'a - ni - mer le ciel se plait Grands
dieux combien elle est jo - li - e Et moi je suis je suis si laid!

LES CHANTRES DE PAROISSE.

Air du Bastringue.

N° 121.
Glo - ri - a ti - bi Do - mi - - ne Que tout
chantre Boive à plein ventre Glori - a ti - bi Do-mi - ne Le Con-
fin.
cor-dat nous est don - né. Bu-vons nous chantres de pa-

roisse A qui nous tire enfin d'angoisse D'abord pour ne rien oubli-
er Re-mon-tons à Fran-çois pre - mier.

L'AVEUGLE DE BAGNOLET.

Air : *Ronde de la Ferme et le Château.*

Allegro.
N° 122.
A Ba-gno - let j'ai vu na - guè-re Cer-tain vieil-
lard toujours con-tent A-veugle il re-vint de la guer-re
Et pauvre il mendi-e en chantant Et pauvre il men-di - e en chan-
tant Sur sa vielle il re - dit sans ces - - - se Aux gens de
plaisir je m'a-dres-se Ah! don-nez don - nez s'il vous plaît Et de
lui don-ner l'on s'em-pres - se Ah! don - nez don - nez s'il vous
plait A l'a - veu-gle de Ba - gno - let.

MÊME CHANSON,

Musique d'Auguste Andrade.

Andante villageois.
N° 122 bis.
A Ba-gno-let j'ai vu na-guè-re Certain vieil-
lard tou-jours con-tent A-veugle il re-vint de la
guer-re Et pauvre il men-di-e en chan-tant Sur
rall.
sa vielle il re-dit sans ces-se Aux gens de plai-sir je m'a-
a tempo.
dres-se Ah! don-nez donnez s'il vous plaît Et de
lui don-ner l'on s'em-presse Ah! don-nez don-nez s'il vous
plait A l'a-veu-gle de Ba-gno-let.

LE PRINCE DE NAVARRE

Air du ballet des Pierrots.

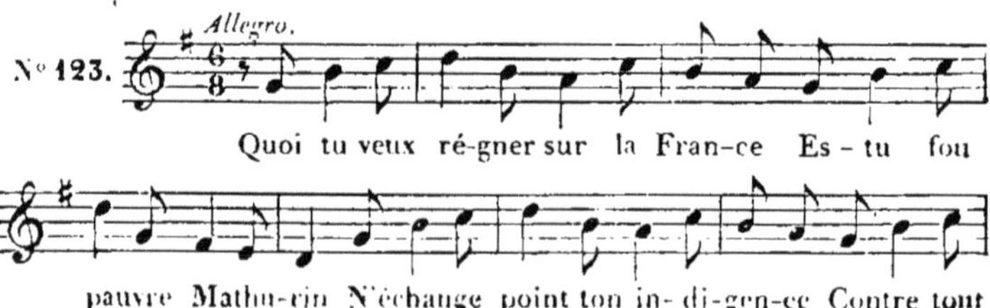
Allegro.
N° 123.
Quoi tu veux ré-gner sur la Fran-ce Es-tu fou
pauvre Mathu-rin N'échange point ton in-di-gen-ce Contre tout

l'or d'un sou - ve - rain Sur un trô - ne l'en - nui se
car - re Fier d'ê-tre en - cen - sé par des sots. Cro-yez - moi
prince de Na - var - re Prin-ce fai - tes - nous des sa - bots.

LA MORT SUBITE.

Air du ballet des Pierrots.

Allegro.
N° 124.
Mes a - mis j'accours au plus vi - te Car vous ne
par- don - ne - riez pas A moins dit - on de mort su-
bi-te De manquer à ce gai re - pas En vain l'amour qui me lu-
ti - ne Pour m'ar-rê - ter ten-te un ef - fort A - vec
vous il faut que je di - ne Mes a - mis je ne suis pas mort.

LES CINQUANTE ÉCUS.

Air : *Martin est un fort bon garçon.*

Maestoso.
N° 125.
Grace à Dieu je suis hé - ri - tier Le métier De ren-

tier Me sied et m'enchante Travailler serait un abus J'ai cinquante é-
cus J'ai cinquante é-cus J'ai cinquante é-cus de ren-te.

MÊME CHANSON,

Musique de M. Amédée de Beauplan.

Allegro vivace.
N° 125 bis.
Grace à Dieu je suis hé-ri-tier Le mé-tier De ren-
tier Me sied et m'en-chante Tra-vail-ler se-rait un a-
bus J'ai cin-quante é-cus J'ai cin-quante é-cus De ren-
te Cinquante é-cus de ren-te La la la la la la la la
la la la la la la la la la la la la la.

LE CARNAVAL DE 1818.

Air : *A ma Margot du bas en haut.*

Allegro.
N° 126.
On crie à la ville à la cour Ah! qu'il est
court Ah! qu'il est court Ah! qu'il est court Ah! qu'il est court.
fin.

12

Des veuves des fil-les des femmes Tu dois craindre les é-pi-
gram-mes Car-na-val dont cha-cun pâ-tit Dis-nous qui
t'a fait si pe-tit Car-na-val Car-na-val Ah! comment
nos bel-les T'ac-cueil-le-ront-el-----les.

LE RETOUR DANS LA PATRIE.

Air : *Suzon sortant de son village.*

Allegro.
N° 127.
Qu'il va len-tement le na-vi-re A qui j'ai
con-fi-é mon sort Au ri-vage où mon cœur as-pi-re Qu'il est lent
à trou-ver un port France a-do-ré-e Dou-ce con-
tré-e Mes yeux cent fois ont cru te décou-vrir Qu'un vent ra-
pi-de Soudain nous gui-de Aux bords sa-crés où je reviens mou-
rir Mais en-fin le ma-te-lot cri-e Ter-re ter-

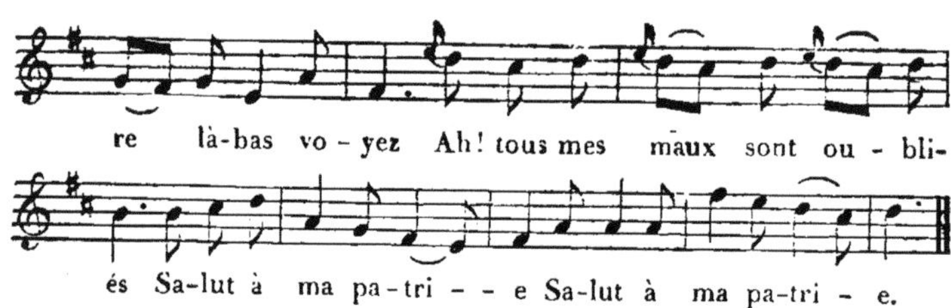
re là-bas vo-yez Ah! tous mes maux sont ou-bli-
és Sa-lut à ma pa-tri - - e Sa-lut à ma pa-tri - e.

MÊME CHANSON,

Musique de Laflèche.

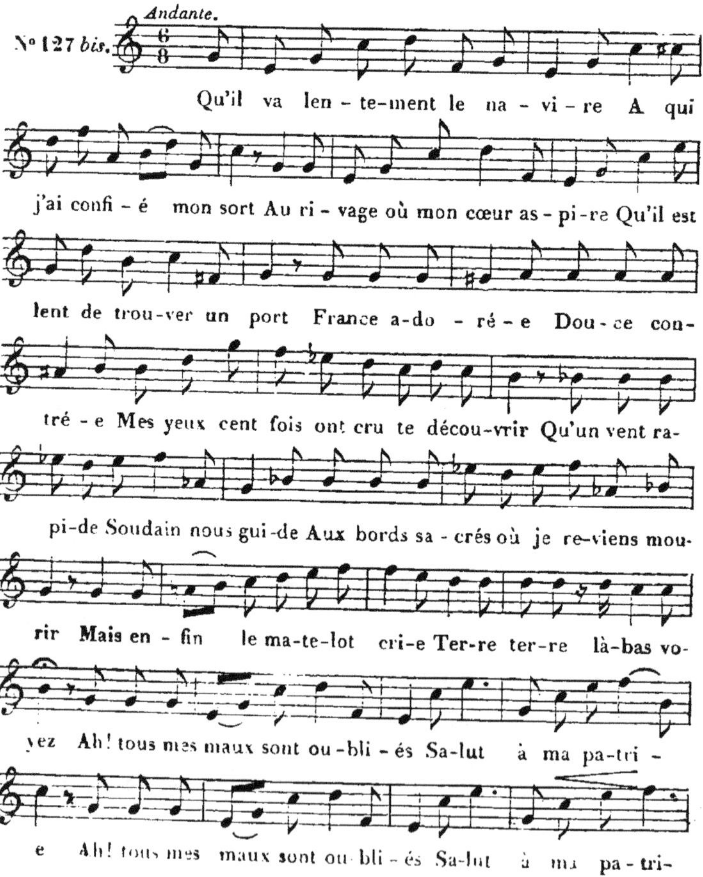
N° 127 bis.
Andante.
Qu'il va len-te-ment le na-vi-re A qui
j'ai confi-é mon sort Au ri-vage où mon cœur as-pi-re Qu'il est
lent de trou-ver un port France a-do-ré-e Dou-ce con-
tré-e Mes yeux cent fois ont cru te décou-vrir Qu'un vent ra-
pi-de Soudain nous gui-de Aux bords sa-crés où je re-viens mou-
rir Mais en-fin le ma-te-lot cri-e Ter-re ter-re là-bas vo-
yez Ah! tous mes maux sont ou-bli-és Sa-lut à ma pa-tri-
e Ah! tous mes maux sont ou-bli-és Sa-lut à ma pa-tri-

- - - - - e Sa - lut à ma pa - tri - - - e.

LE VENTRU.

1818.

Air : *J'ons un curé patriote.*

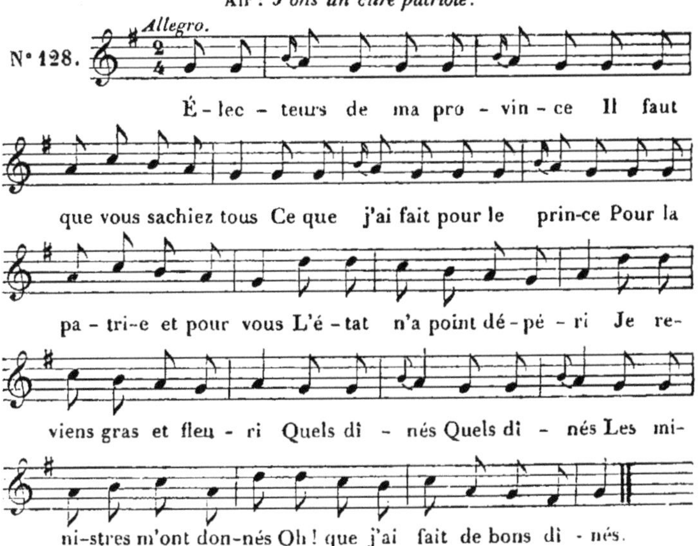
Allegro.
N° 128.
É - lec - teurs de ma pro - vin - ce Il faut
que vous sachiez tous Ce que j'ai fait pour le prin-ce Pour la
pa - tri-e et pour vous L'é - tat n'a point dé - pé - ri Je re-
viens gras et fleu - ri Quels dî - nés Quels dî - nés Les mi-
ni-stres m'ont don-nés Oh ! que j'ai fait de bons dî - nés.

LA COURONNE.

Air : *J'étais bon chasseur autrefois.*

Moderato.
N° 129.
Gra-ce à la fè - ve je suis roi Nous le vou-
lons versez à boi-re Ça mes su-jets cou-ronnez-moi Et qu'on por-
te en-vi - e à ma gloi - - re A l'es-poir du rang le plus

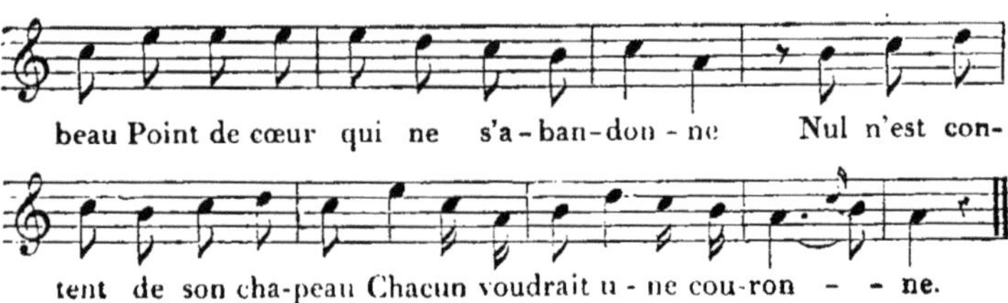
beau Point de cœur qui ne s'a-ban-don-ne Nul n'est con-
tent de son cha-peau Chacun voudrait u-ne cou-ron - - ne.

LES MISSIONNAIRES.

Air : *Eh ! le cœur à la danse.*

N° 130.
Allegro.
Sa-tan dit un jour à ses pairs On en veut à nos
hor-des C'est en é-clai-rant l'u-ni-vers qu'on é-teint les dis-
cor-des Par bre-vet d'inven-ti-on J'or-donne u-ne mis-si-
on En ven-dant des pri-è-res Vi-te soufflons souf-
flons morbleu É-teignons les lu-miè-res Et ral-lu-mons le feu.

LE BON MÉNAGE.

Air de la Légère.

N° 131.
Allegretto.
Com-mis-sai-re Com-mis-sai-re Co-lin
bat sa mé-na-gè-re Com-mis-sai-re Lais-sez fai-re Pour l'a-

mour C'est un beau jour. Commis - sai - re du quar-tier Ce - la
point ne vous re - gar - de Point n'est be - soin de la
gar - de Qu'ap - pel - le en vain le por - tier Oui Co-
lin bat sa Co - let - te Mais ain - si tous les lun - dis L'amour
aux cris qu'el-le jet - te S'é-veil - le dans leur tau - dis.

LE CHAMP D'ASILE.

Air de la romance de Bélisaire (par Garat).

Fièrement.
Nº 132.
Un chef de ban - nis cou - ra - geux Im-plo - rant
un loin - tain a - si - - - - le A des sau - va - ges
om - bra-geux Di - sait « l'Eu - ro - pe nous ex - i -
le Heureux en - fans de ces fo - rêts De nos maux
ap - pre - nez l'his - toi - re Sau - va - ges nous som-

mes Fran-çais Pre-nez pi-tié de no-tre gloi-re.

MÊME CHANSON,

Musique de Gatayes.

Fièrement.
N° 132 bis.
Un chef de ban-nis cou-ra-geux Im-plo-
rant un loin-tain a-si---le A des sau-va-ges om-bra-
geux Di-sait « l'Euro-pe nous ex-i----le Heureux en-
fans de ces fo-rêts De nos maux ap-pre-nez l'his-
toi--re Sau----va-ges nous som-mes Français Pre-
nez pi-tié de no-tre gloi-re Sau-va-ges nous sommes Fran-
çais Pre-nez pi-tié de no-tre gloi---re.
Pre-nez pi-tié de no-tre gloi--re.

LA MORT DE CHARLEMAGNE.

Air : *Le bruit des roulettes gâte tout.*

Andante.
N°133
Dans le vieux roman de la Ro-se J'ai vu que
le fils de Pé - pin Re-dou - tant son a - po - - thé -
o - se Di - sait à l'é - vê - que Tur-pin «Prélat sois bon à quelque
cho-se L'â - ge m'ac - ca - ble gué - ris - moi» «Oui lui dit Tur-
pin et vi-ve le roi Oui lui dit Tur-pin et vi-ve le roi!

LE VENTRU.

1819.

Air : *Faut d'la vertu, pas trop n'en faut.*

Allegretto.
N°134.
Au-tour du pot c'est trop tourner Messieurs l'on m'attend
pour dî - ner Au-tour du pot c'est trop tourner Messieurs l'on m'attend
pour di - ner.
fin.
É - lec - teurs j'ai sans nul mys-tè - re Fait
de bons dî - ners l'an pas - sé On met la ta-ble au

mi - nis - tè - re Re - nom - mez-moi je suis pres - sé.

LA NATURE.

Air : Ah! que de chagrin dans la vie.

N° 135.

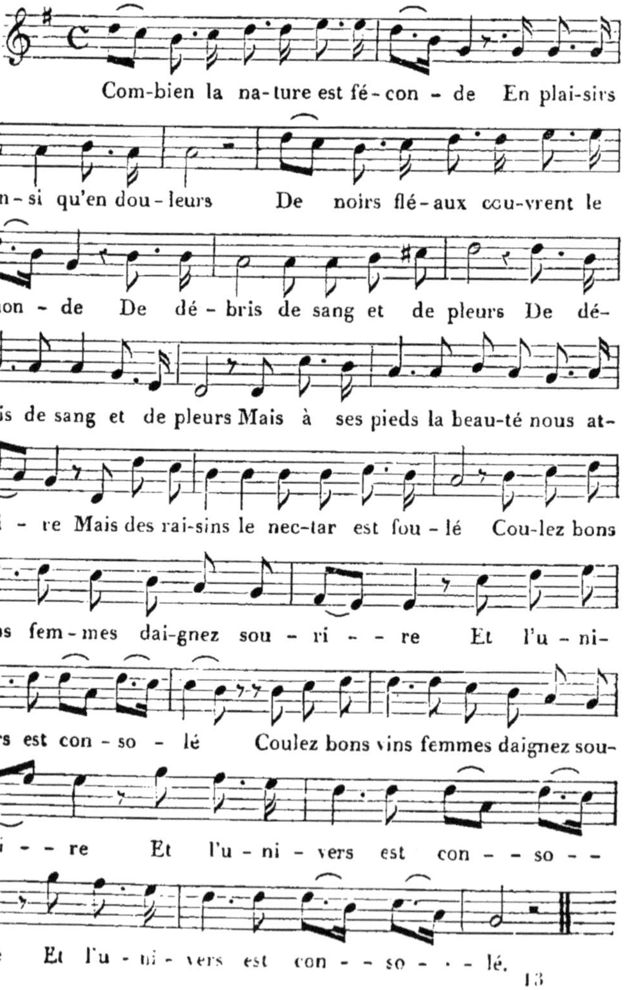

Com-bien la na-ture est fé - con - de En plai-sirs

ain - si qu'en dou - leurs De noirs flé - aux cou-vrent le

mon - de De dé - bris de sang et de pleurs De dé-

bris de sang et de pleurs Mais à ses pieds la beau-té nous at-

ti - re Mais des rai-sins le nec-tar est fou - lé Cou-lez bons

vins fem - mes dai-gnez sou - ri - - re Et l'u - ni-

vers est con - so - lé Coulez bons vins femmes daignez sou-

ri - - re Et l'u - ni - vers est con - - so - -

lé Et l'u - ni - vers est con - - so - - - lé.

LES CARTES ou L'HOROSCOPE.

Air du vaudeville de la petite Gouvernante.

Andante.
N° 136.
Tan-dis qu'en fai-sant sa pri - è - re Au coin du
feu ma-man s'en - dort Peu fai - te pour ê-tre ouvri-
è - re Dans les car - tes cherchons mon sort Ma-man di-
rait crai-gnez les ba - ga - tel - les Le dia-ble est
fin trem-blez Su - - zon Mais j'ai sei-ze ans les car-tes
se - ront bel - les Les car - tes ont tou - jours rai-
son Mais j'ai seize ans les car-tes se-ront bel-les Les car-tes
ont toujours rai - son Toujours rai - son toujours rai - son.

LA SAINTE ALLIANCE DES PEUPLES.

Air du Dieu des bonnes gens.

Andante.
N° 137.
J'ai vu la paix descen-dre sur la ter-re Semant de

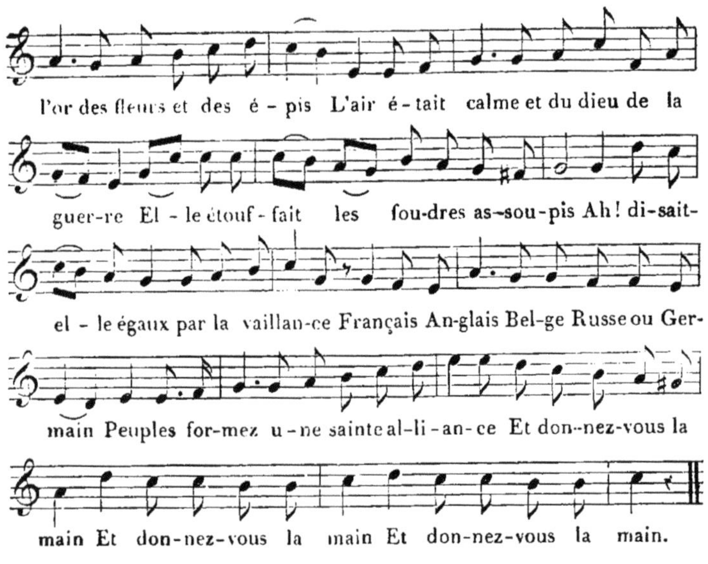
l'or des fleurs et des é - pis L'air é - tait calme et du dieu de la
guer-re El - le étouf - fait les fou-dres as-sou-pis Ah! di-sait-
el - le égaux par la vaillan-ce Français An-glais Bel-ge Russe ou Ger-
main Peuples for-mez u - ne sainte al-li - an- ce Et don-nez-vous la
main Et don-nez-vous la main Et don-nez-vous la main.

ROSETTE.

Musique de M. Amédée de Beauplan.

Lentement.
N° 138
Sans res - pect pour vo - tre prin-temps Quoi vous me
par-lez de ten - dres - se Quand sous le poids de qua - rante
ans Je vois suc-com-ber ma jeu-nes - - - se Je n'eus be-
soin pour m'enflam - mer Ja-dis que d'une humble gri - set - - -
te Ah! que ne puis - je vous ai - - mer Comme autre-

fois j'ai - mais Ro - set - te Comme autre - fois Comme autre-
fois j'ai - mais Ro - set - - - - te.

MÊME CHANSON,

Musique de M. Guichard Printemps.

Allegretto.
N° 138 bis.
Sans res - pect pour vo - tre prin-temps Quoi vous
me par-lez de ten - dres-se Quand sous le poids de quarante
ans Je vois suc - com - ber ma jeu - nes - se Je
n'eus besoin pour m'enflam-mer Ja-dis que d'une humble gri-
set - - te Ah! que ne puis-je vous ai - mer Comme autre-fois j'ai - mais Ro - set - te Ah! que ne puis-je vous ai-
mer Comme au-tre fois j'ai - mais Ro - set - te.

MÊME CHANSON,

Musique de M. Charles Maurice.

Moderato.
N° 138 ter.
Sans res - pect pour vo - tre prin-
temps Quoi vous me par - lez de ten-dres - se Quand sous
le poids de qua - rante ans Je vois suc - comber ma jeu-
nes - se Je n'eus be - soin pour m'en-flam - mer Ja-
dis que d'une humble gri-set - - te Ah ! que ne puis-je vous ai-
mer Comme autre-fois j'aimais Ro-set - - te Comme autrefois j'ai - mais Ro - set - - - - - te.

LES RÉVÉRENDS PÈRES.

Air : *Bonjour, mon ami Vincent.*

N° 139.
Hom - mes noirs d'où sor - tez - vous Nous sor-
tons de des-sous ter - re Moi-tié re-nards moi-tié loups No-tre

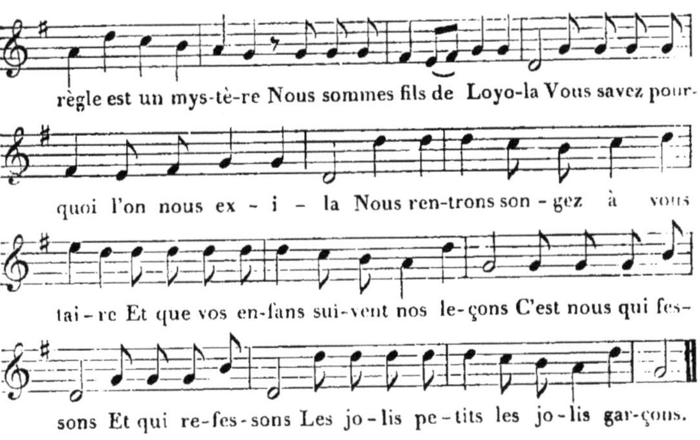
règle est un mys-tè-re Nous sommes fils de Loyo-la Vous savez pour-
quoi l'on nous ex - i - la Nous ren-trons son - gez à vous
tai - re Et que vos en-fans sui-vent nos le-çons C'est nous qui fes-
sons Et qui re-fes-sons Les jo - lis pe - tits les jo - lis gar-çons.

LES ENFANS DE LA FRANCE.

Air du vaudeville de Turenne.

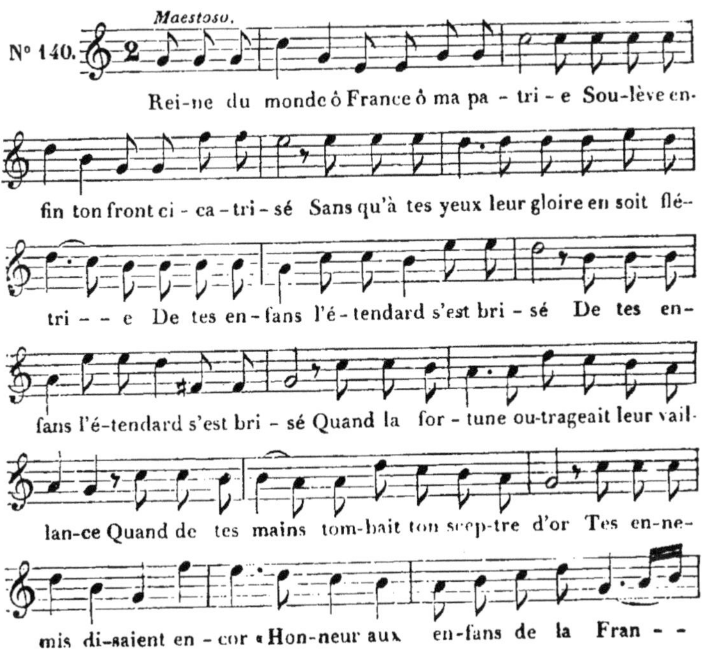
Maestoso.
N° 140.
Rei-ne du monde ô France ô ma pa - tri - e Sou-lève en-
fin ton front ci - ca - tri - sé Sans qu'à tes yeux leur gloire en soit flé-
tri - - e De tes en-fans l'é-tendard s'est bri - sé De tes en-
fans l'é-tendard s'est bri - sé Quand la for - tune ou-trageait leur vaillan-ce Quand de tes mains tom-bait ton scep-tre d'or Tes en-ne-
mis di-saient en - cor « Hon-neur aux en-fans de la Fran - -

ce Hon-neur aux en - fans de la Fran - - ce!»

MÊME CHANSON,

Musique de M. Amédée de Beauplan

N° 140 *bis.*
Animé.
Rei - - ne du mon-de ô France ô ma pa-
tri - e Sou - - lè - ve en - fin ton front ci - - ca - tri-
sé Sans qu'à tes yeux leur gloi-re en soit flé-
tri - e De tes en fans l'é - ten-dard s'est bri - sé De tes en-
à demi-voix.
fans l'é - ten-dard s'est bri - sé Quand la for - -
tune ou-tra - geait leur vail - lan - - - ce Quand de tes
mains tom-bait ton scep-tre d'or Tes en - ne - mis di-saient en-
cresc.
cor Tes en - ne - mis disaient en - cor «Hon-neur honneur hon-
neur aux en - - fans de la Fran - - ce Hon-

neur honneur hon-neur aux en - fans de la Fran - ce!

LES MIRMIDONS.

Air du vaudeville de la Garde nationale.

Allegretto.
N°141.
Mir - mi - dons ra - ce fé - con - de Mir - mi-
dons En - fin nous com-man-dons Ju - pi - ter li - vre le
monde Aux mir - mi - dons aux mir - mi - dons Aux mir - mi-
dons aux mir - mi - dons. Vo - yant qu'A-chil - le suc-
com-be Ses mir - mi-dons hors des rangs Di-sent dansons sur sa
tom - be Les pe - tits vont ê - tre grands.

LES ROSSIGNOLS.

Air : *C'est à mon maître en l'art de plaire.*

Andante.
N°142.
La nuit a ra-len - ti les heu-res Le som-meil
s'é-tend sur Pa - ris Char-mez l'é - cho de nos de-

meu-res É - veil-lez - vous oi - seaux ché - ris Dans ces in-
stans où le cœur pen - se Heureux qui peut ren - trer en
soi De la nuit j'ai - me le si - len - ce Doux ros-si-
gnols chan-tez pour moi De la nuit j'ai - me le si-
len - ce Doux ros - si - gnols chan - tez pour moi.

MÊME CHANSON,

Musique de M. Amédée de Beauplan.

N° 142 *bis.*

Lentement.
SOPRANO.
La nuit a ra - len - ti les heu - res Le som-
TENORE.
La nuit a ra - len - ti les heu - res Le som-

meil s'é-tend sur Pa - ris Char-mez l'é-cho de nos de-
meil s'é-tend sur Pa - ris Char-mez l'é-cho de nos de-

meu - res É - veil - lez-vous oi-seaux ché - ris Dans
meu - res É - veil - lez-vous oi-seaux ché - ris Dans
ces in - stans où le cœur pen - - se Heu-
ces in - stans où le cœur pen - - se Heu-
reux qui peut ren - trer en soi De la
reux qui peut ren - trer en soi De la
nuit j'ai-me le si - len - ce Doux ros-si-gnols chan-tez pour
nuit j'ai-me le si - len - ce Doux ros-si-gnols chan-tez pour
moi Chan - - tez pour
moi Doux ros - si - gnols

moi Chan - - tez pour moi.
Doux ros - si - gnols pour moi.

HALTE-LA.

Air : *Halte-là! la Garde royale est là.*

N 143.

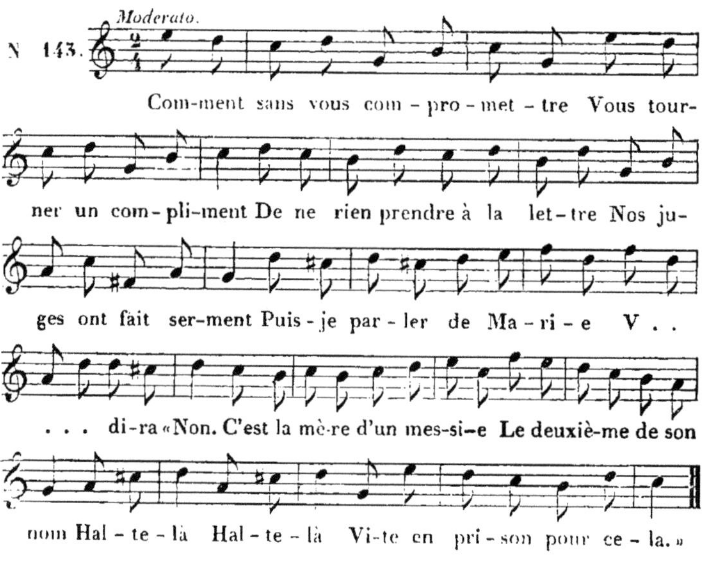
Moderato.
Com-ment sans vous com - pro - met - tre Vous tourner un com-pli-ment De ne rien prendre à la let-tre Nos ju-
ges ont fait ser-ment Puis - je par - ler de Ma - ri - e V . .
. . . di-ra «Non. C'est la mè-re d'un mes-si-e Le deuxiè-me de son
nom Hal - te - là Hal - te - là Vi-te en pri - son pour ce - la.»

L'ENFANT DE BONNE MAISON.

Air de la Treille de sincérite.

N° 144.

Allegretto.
Seuls ar - bi-tres Du sceau des ti - tres Chartri - ers
ren - dez-moi l'hon - neur Je suis bâ-tard d'un grand sei-

fin.
gneur Je suis bâ-tard d'un grand sei-gneur. De vo-
tre sa-voir qui pros-pè-re J'attends par-che-mins et bla-
son Un bâ-tard est fils de son pè-re Je veux res-
tau-rer ma mai-son Je veux res-tau-rer ma mai-
son Oui plus no-ble que cer-tains ê-tres Des pri-vi-
lé-ges fiers sup-pôts Moi je des-cends de mes an-
cê---tres Que leur a-me soit en re-pos.

LES ÉTOILES QUI FILENT.

Air du ballet des Pierrots.

Allegro.
N° 145.
Ber-ger tu dis que notre é-toi-le Rè-gle nos
jours et brille aux cieux Oui mon en-fant mais dans son
voi-le La nuit la dé-robe à nos yeux. Berger sur cet a-zur tran-

quil-le De li-re on te croit le se-cret Quelle est cette
é-toi-le qui fi-le Qui fi-le fi-le et dis-pa-raît.

L'ENRHUMÉ.

Air : *Le petit mot pour rire.*

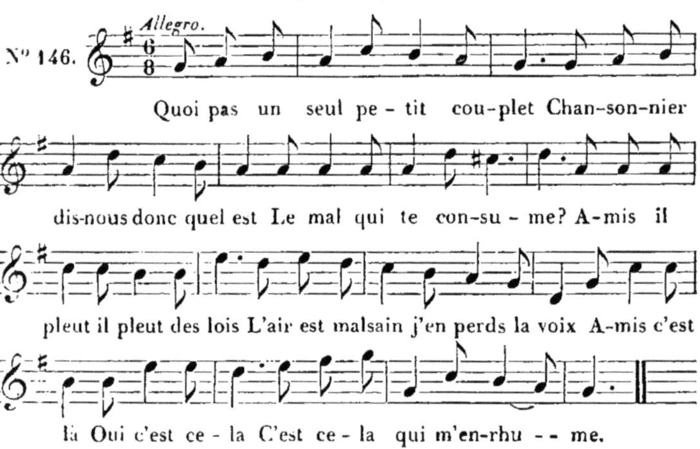
Allegro.
N° 146.
Quoi pas un seul pe-tit cou-plet Chan-son-nier
dis-nous donc quel est Le mal qui te con-su-me? A-mis il
pleut il pleut des lois L'air est malsain j'en perds la voix A-mis c'est
là Oui c'est ce-la C'est ce-la qui m'en-rhu--me.

LE TEMPS.

Air : *Ce magistrat irréprochable.*

Allegretto.
N° 147.
Près de la beau-té que j'a-do--re Je me cro-
yais é-gal aux dieux Lorsqu'au bruit de l'ai-rain so-
no--re Le temps ap-pa-rut à nos yeux Le temps ap-

pa-rut à nos yeux Fai-ble com-me u-ne tour-te-
rel-le Qui voit la ser-re des vau-tours Ah! par pi-
tié lui dit ma bel-le Vieillard é-pargnez nos a-
mours Ah! pac pi-tié lui dit ma bel-le Vieillard é-
par-gnez nos a-mours Vieillard é-par-gnez nos a-mours.

LA FARIDONDAINE.

Air : *A la façon de Barbari.*

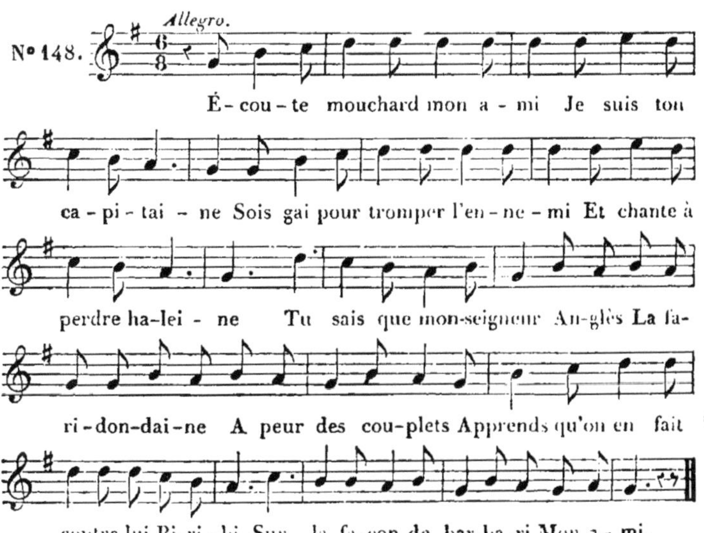
N° 148.
Allegro.
É-cou-te mouchard mon a-mi Je suis ton
ca-pi-tai-ne Sois gai pour tromper l'en-ne-mi Et chante à
perdre ha-lei-ne Tu sais que mon-seigneur An-glès La fa-
ri-don-dai-ne A peur des cou-plets Apprends qu'on en fait
contre lui Bi-ri-bi Sur la fa-çon de bar-ba-ri Mon a-mi.

MA LAMPE.

Air d'Aristipe.

Maestoso.
N° 149.
Veille en-core ô lam-pe fi - dè-le Que trop peu
d'huile vient nou-rir Sur les ac - cens d'une im - mor-
tel - le Lais-se mes re-gards s'at - - - ten - drir De l'a-
mour que sa lyre im - plo - re Tu le sais j'ai su - bi la
loi Veil - le ma lam - pe veil-le en-co - re Je lis les
vers de Du - - fres-noy Je lis les vers de Du - - fres-noy.

MÊME CHANSON,

Musique de Guichard Printemps.

Andantino maestoso.
N° 149 bis.
Veille en-co-re ô lam-pe fi - dè - le Que
trop peu d'huile vient nou-rir Sur les ac - cens d'une im-mor-
tel - - - - le Lais - se mes re-gards s'at-ten - drir De l'a -

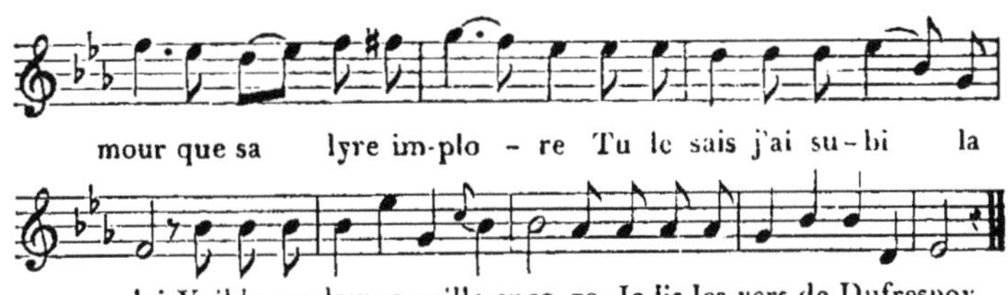
mour que sa lyre im-plo - re Tu le sais j'ai su-bi la
loi Veil-le ma lampe veille enco-re Je lis les vers de Dufresnoy.

LE BON DIEU.

Air : *Tout le long de la rivière.*

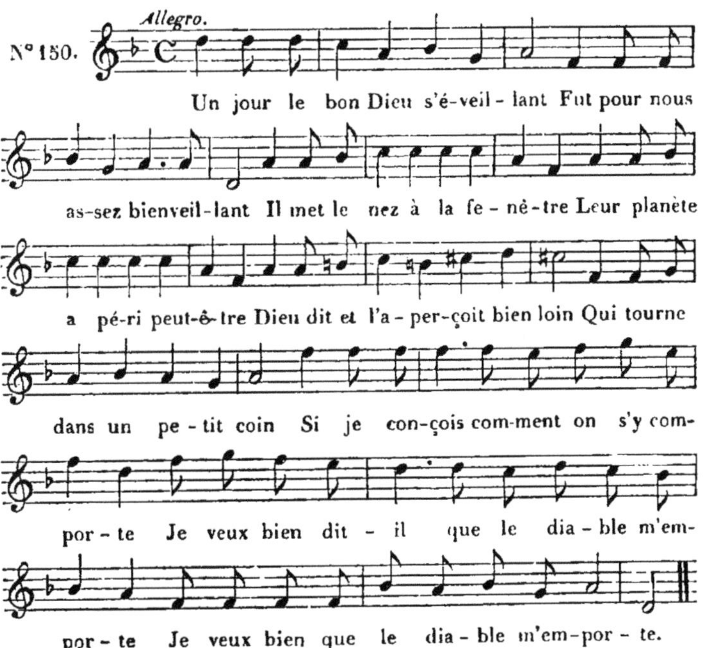
Allegro.
N° 150.
Un jour le bon Dieu s'é-veil - lant Fut pour nous
as-sez bienveil-lant Il met le nez à la fe - nê-tre Leur planète
a pé-ri peut-ê-tre Dieu dit et l'a - per-çoit bien loin Qui tourne
dans un pe - tit coin Si je con-çois com-ment on s'y com-
por - te Je veux bien dit - il que le dia - ble m'em-
por - te Je veux bien que le dia - ble m'em-por - te.

LE VIEUX DRAPEAU.

Air : *Elle aime à rire, elle aime à boire.*

Allegro.
N° 151.
De mes vieux com-pagnons de gloi - re Je viens de

me voir en-tou-ré Nos sou-ve-nirs m'ont en-i-vré Le vin m'a
ren-du la mé-moi-re Fier de mes ex-ploits et des
leurs J'ai mon dra-peau dans ma chau-miè-re Quand se-cou-
rai-je la pous-siè-re Qui ter-nit ses no-bles cou-leurs.

LA MARQUISE DE PRETINTAILLE.

Air : *A coups d'pied, à coups d'poing.*

N° 152.
Mar-qui-se à tren-te quar-tiers pleins J'ai pris mes
droits sur les vi-lains En a-mour j'ai-me la ca-nail-
le D'un ton fier je leur dis ve-nez Mais sous mes
ri-deaux bla-son-nés Vils ro-tu-riers Res-pec-tez les quar-
tiers De la mar-qui-se de Pre-tin-tail-le.

LE TREMBLEUR.

Air : *Je vais bientôt quitter l'empire.*

Allegretto.
N° 153.
Du-pont que vient-on de m'appren - dre Quoi l'on tour-
men-te vos a - mis J'ai des pré - cau - ti - ons à
pren - dre Vous le sa - vez je suis com - mis Vous le savez je suis com - mis Dès qu'une a-mi - tié m'em - bar-
ras - se Sou-dain les nœuds en sont rom - pus Sou-dain les
nœuds en sont rom-pus Bien mieux que vous je sais gar-der ma
pla - ce Mon cher Dupont je ne vous con-nais plus Dupont Du-
pont je ne vous con - nais plus.

MA CONTEMPORAINE.

Air : *Ma belle est la belle des belles.*

Allegro.
N° 154.
Vous vous van-tez d'a-voir mon à - - - - ge Sa-

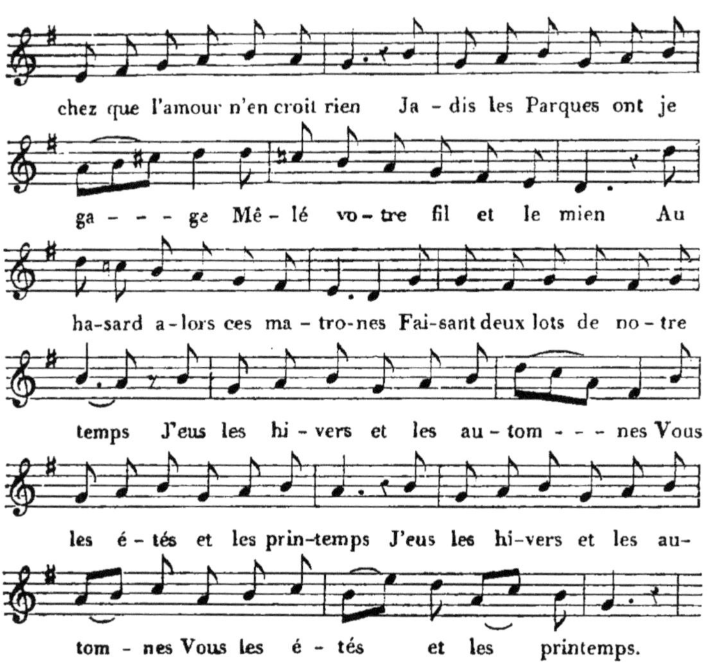
chez que l'amour n'en croit rien Ja - dis les Parques ont je
ga - - - ge Mê - lé vo - tre fil et le mien Au
ha-sard a - lors ces ma - tro-nes Fai-sant deux lots de no - tre
temps J'eus les hi - vers et les au - tom - - - nes Vous
les é - tés et les prin-temps J'eus les hi-vers et les autom - nes Vous les é - tés et les printemps.

LA MORT DU ROI CHRISTOPHE.

Air : *La Catacoua.*

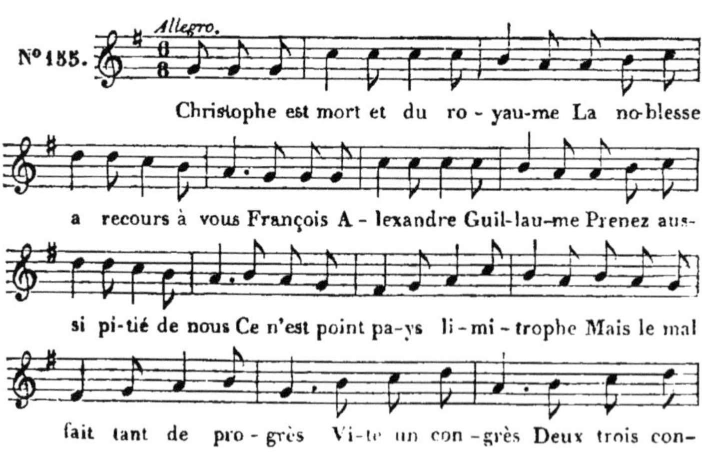
Allegro.
N° 155.
Christophe est mort et du ro - yau-me La no-blesse
a recours à vous François A - lexandre Guil-lau-me Prenez aus-
si pi-tié de nous Ce n'est point pa-ys li - mi - trophe Mais le mal
fait tant de pro - grès Vi-te un con - grès Deux trois con-

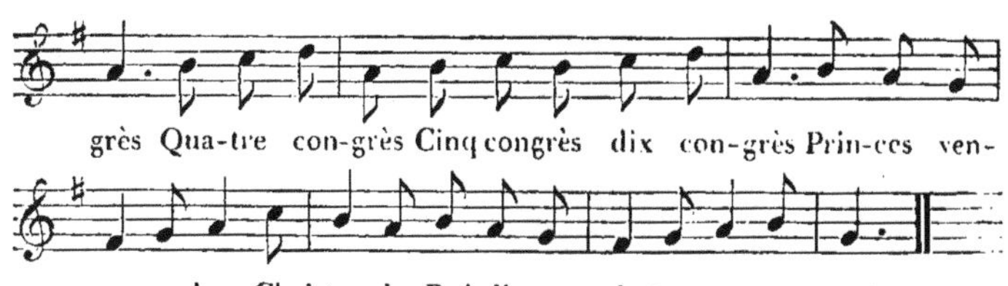
grès Qua-tre con-grès Cinq congrès dix con-grès Prin-ces ven-
gez ce bon Christo-phe Roi di-gne de tous vos re - grets.

LA FORTUNE.

Air de la Sabotière.

Allegro.
N° 156.
Pan! Pan! est-ce ma bru-ne Pan! pan! qui frappe en
bas Pan! pan c'est la for - tu - ne Pan! pan! je n'ou-vre pas.
fin
Tous mes a - - mis le ver-re en main De joie en-
i - vrent ma cham-bret-te Nous n'at-ten - dons plus que Li-
set - te For - tu - ne pas - - se ton che - min.

LOUIS XI.

Air : *Sans un petit brin d'amour.*

Allegro.
N° 157.
Heu-reux vil - la-geois dan - sons Sau-tez fil - let - tes
et gar - çons U - nis - sez vos jo-yeux sons Mu-set - tes

fin.
et chan - sons. No - tre vieux roi ca - ché dans ces tou-
rel-les Lou - is dont nous par-lons tout bas Veut es - sa - yer au
temps des fleurs nou-vel - les S'il peut sou - ri-re à nos é - bats.

MÊME CHANSON,

Musique de M. Amédée de Beauplan.

Gaiment.
N°157 bis.
Heu - reux vil - la - geois dan - sons Sau-
tez fil - let-tes Et garçons U - nis-sez vos jo-yeux sons Mu-
set - tes Et chan - sons Mu - set - tes Et chan-sons Et chansons Mu-set-tes Et chansons Et chansons. No-tre vieux roi ca-
ché dans ces tou-rel - les Lou-is dont nous par - lons tout bas
Veut es - sa - yer au temps des fleurs nou-vel - les S'il peut sou-
ri-re à nos é - bats S'il peut sou - ri - re à nos é - bats.

LES ADIEUX A LA GLOIRE.

Air : *Je commence à m'apercevoir* (d'Alexis).

Allegro.
N° 158.
Chantons le vin et la beau-té Tout le reste est fo-
li-e Vo-yez comme on ou-bli-e Les hymnes de la li-ber-
té Un peu-ple bra-ve Re-tombe es-cla-ve
Fils d'É-pi-cu-re ou-vrez-moi vo-tre ca-ve La
Fran-ce qui souffre en re-pos Ne veut plus que mal-
à-pro-pos J'ose en trom-pette é-ri-ger mes pi-peaux A-
dieu donc pau-vre gloi-re Dés-hé-ri-tons l'his-toi-re Ve-
nez amours et ver-sez-nous à boi---re.

LES DEUX COUSINS.

Air : *Daignez m'épargner le reste.*

Allegretto.
N° 159.
Sa-lut pe-tit cou-sin-ger-main D'un lieu d'ex-

il j'o - se t'é - cri - re La for - tu - ne te tend la
main Ta nais - san - ce l'a fait sou - ri - re Mon pre - mier
jour aus - si fut beau Point de Fran-çais qui n'en con-
vien-ne Les rois m'a - do-raient au ber - ceau Les rois m'a-
do-raient au ber - ceau Et ce-pen - dant je suis à
Vien - - ne Et ce-pen-dant je suis à Vien - - ne.

LES VENDANGES.

Air : *Pierrot sur le bord d'un ruisseau.*

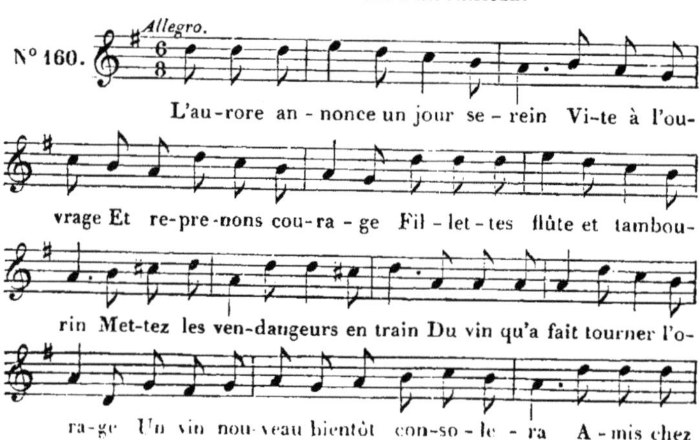
N° 160.
Allegro.
L'au-rore an - nonce un jour se - rein Vi-te à l'ou-
vrage Et re-pre-nons cou-ra - ge Fil - let-tes flûte et tambou-
rin Met-tez les ven-dangeurs en train Du vin qu'a fait tourner l'o-
ra-ge Un vin nou-veau bientôt con-so - le - ra A - mis chez

nous la gaî-té re-naî-tra Ah! ah! la gaî-té re-naî-tra.

MÊME CHANSON,

*Musique de M. * * *.*

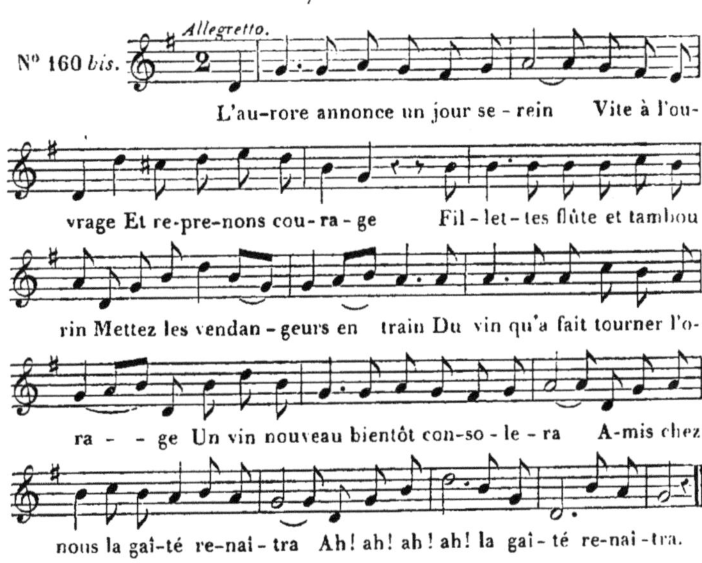
Allegretto.
Nº 160 bis.
L'au-rore annonce un jour se-rein Vite à l'ou-
vrage Et re-pre-nons cou-ra-ge Fil-let-tes flûte et tambou
rin Mettez les vendan-geurs en train Du vin qu'a fait tourner l'o-
ra - - ge Un vin nouveau bientôt con-so-le-ra A-mis chez
nous la gaî-té re-naî-tra Ah! ah! ah! ah! la gaî-té re-naî-tra.

L'ORAGE.

Air: *C'est l'amour, l'amour, l'amour.*

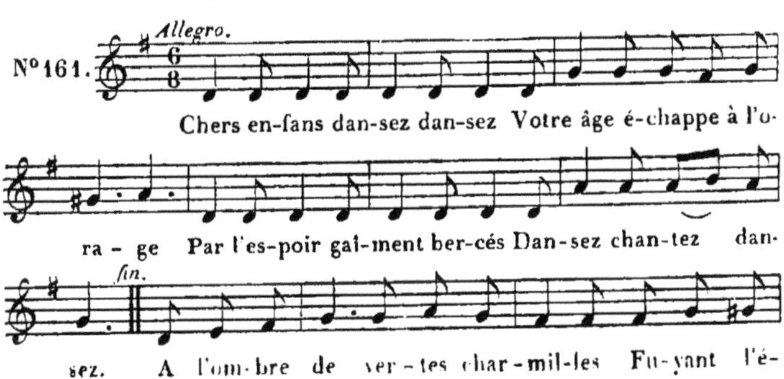
Allegro.
Nº 161.
Chers en-fans dan-sez dan-sez Votre âge é-chappe à l'o-
ra-ge Par l'es-poir gai-ment ber-cés Dan-sez chan-tez dan-
fin.
sez. A l'om-bre de ver-tes char-mil-les Fu-yant l'é-

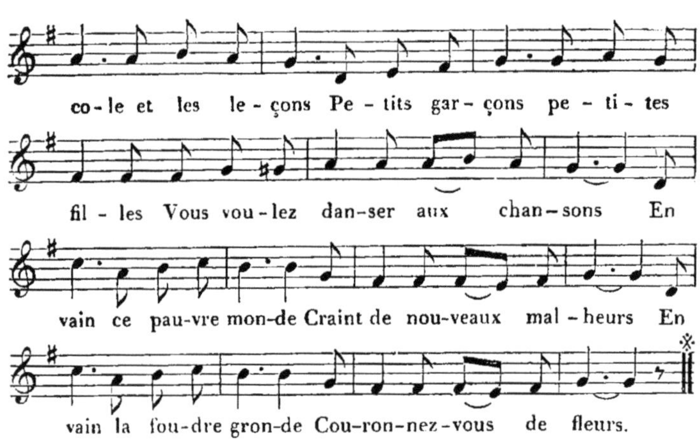
co-le et les le-çons Pe-tits gar-çons pe-ti-tes
fil-les Vous vou-lez dan-ser aux chan-sons En
vain ce pau-vre mon-de Craint de nou-veaux mal-heurs En
vain la fou-dre gron-de Cou-ron-nez-vous de fleurs.

LE CINQ MAI.

Air : *Muse des bois et des accords champêtres.*

Andante legato.
N° 162.
Des Es-pa-gnols m'ont pris sur leur na-vi-re
Aux bords lointains où tris-te-ment j'er-rais Hum-ble dé-
bris d'un hé-ro-ïque em-pi-re J'a-vais dans l'Inde ex-i-
lé mes re-grets Mais loin du Cap a-près cinq ans d'ab-sen-ce
Sous le so-leil je vo-gue plus jo-yeux. Pauvre sol-dat je re-
ver-rai la Fran-ce La main d'un fils me fer-me-ra les

yeux La main d'un fils me fer - me - ra les yeux.

COMPLAINTE SUR LA MORT DE TRESTAILLON.

Air de toutes les complaintes.

Allegretto.
N° 163.
Ve - nez tous bons ca - tho - li - ques Jé - sui-
tes grands et pe - tits Et vous nou-veaux con - ver-
tis Vous nos meil - leu - res pra - ti - ques Ve - nez
dire un in pa - ce Pour un hé - ros tré - pas - sé.

NABUCHODONOSOR.

Air de Calpigi.

Allegretto.
N° 164.
Pui-ser dans la Bi-ble est de mo - de Prenons-y
le su - jet d'u-ne o - de. Je chante un roi de - ve - nu
bœuf Aux an - ciens le trait pa - rut neuf Aux an-
ciens le trait pa - - rut neuf Sur-tout la cour en fut aux

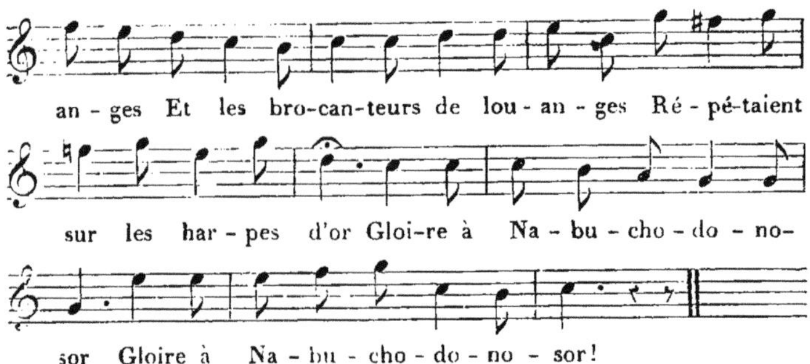
an - ges Et les bro-can-teurs de lou - an - ges Ré - pé-taient
sur les har - pes d'or Gloi-re à Na - bu - cho - do - no-
sor Gloire à Na - bu - cho - do - no - sor!

LA MESSE DU SAINT-ESPRIT.

Air de la Codaqui

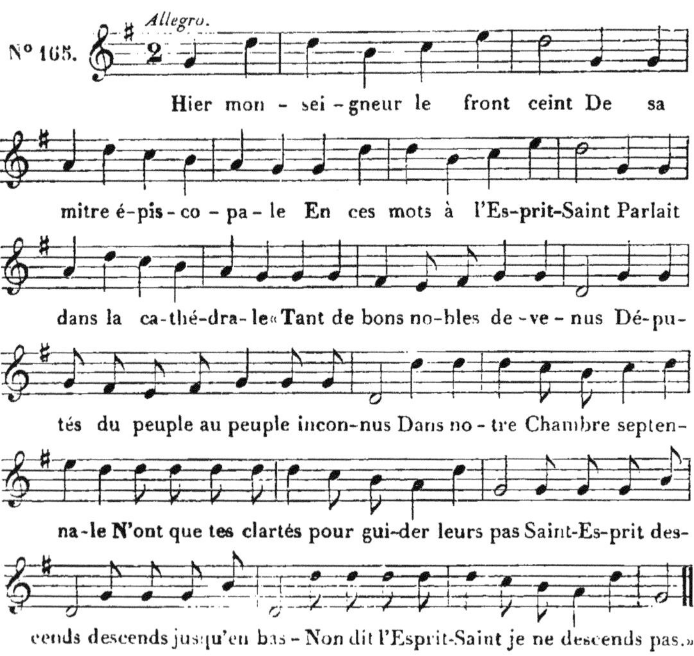
Allegro.
N° 165.
Hier mon - sei - gneur le front ceint De sa
mitre é-pis - co - pa - le En ces mots à l'Es-prit-Saint Parlait
dans la ca-thé-dra- le« Tant de bons no-bles de - ve - nus Dé-pu-
tés du peuple au peuple incon-nus Dans no - tre Chambre septen-
na-le N'ont que tes clartés pour gui-der leurs pas Saint-Es-prit des-
cends descends jusqu'en bas - Non dit l'Esprit-Saint je ne descends pas.»

LA GARDE NATIONALE.

Air : *Halte-là! la Garde royale est là.*

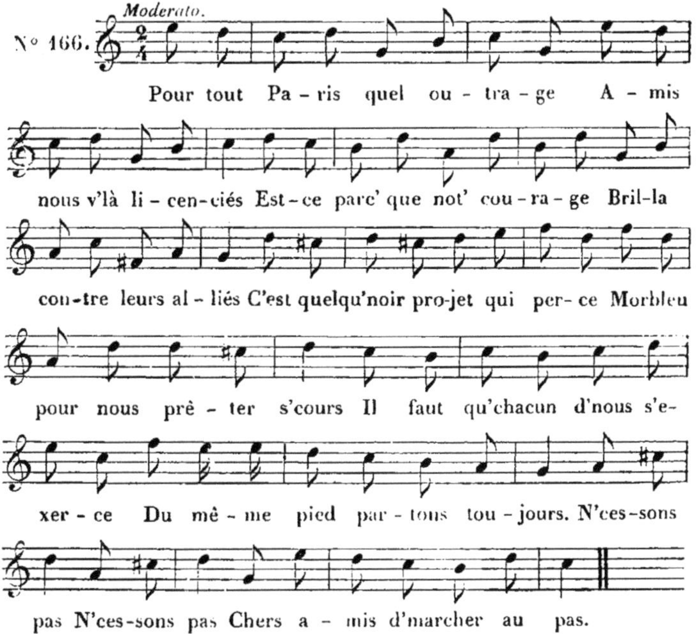
Moderato.
N° 166.
Pour tout Pa - ris quel ou - tra - ge A - mis
nous v'là li - cen-ciés Est - ce parc' que not' cou - ra - ge Bril-la
con-tre leurs al - liés C'est quelqu'noir pro-jet qui per- ce Morbleu
pour nous prê - ter s'cours Il faut qu'chacun d'nous s'e-
xer - ce Du mê - me pied par - tous tou - jours. N'ces-sons
pas N'ces-sons pas Chers a - mis d'marcher au pas.

NOUVEL ORDRE DU JOUR.

Air : *C'est l'amour, l'amour, l'amour.*

Allegro.
N°167.
Brav' sol - dat v'là l'ord' du jour Point
d'vic-toire Où n'y a point d'gloi - re Brav' sol - dat v'là
fin.
l'ord' du jour Gar de à vous de - - mi - tour! No-tre ancien

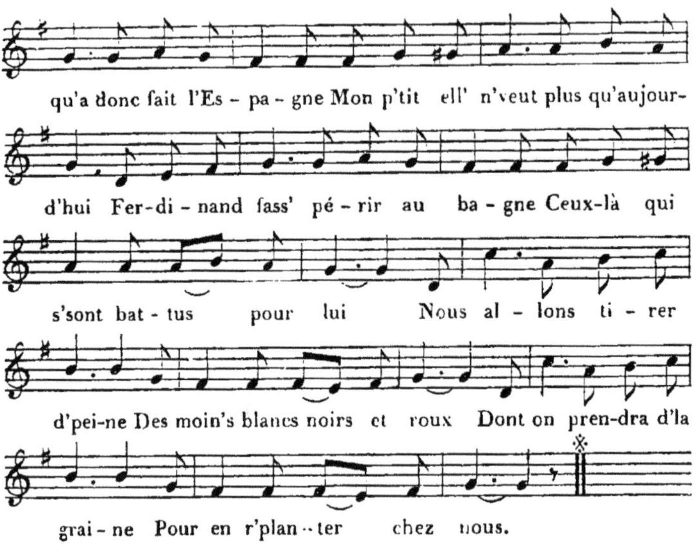
qu'a donc fait l'Es - pa - gne Mon p'tit ell' n'veut plus qu'aujour-
d'hui Fer-di - nand fass' pé - rir au ba - gne Ceux-là qui
s'sont bat - tus pour lui Nous al - lons ti - rer
d'pei-ne Des moin's blancs noirs et roux Dont on pren-dra d'la
grai - ne Pour en r'plan - ter chez nous.

DE PROFUNDIS.

Air : *Eh ! gai, gai, gai, mon officier !*

N° 168.
Allegro.
Eh! gai gai gai de pro-fun-dis Ma femme A ren-du
l'a - me Eh! gai gai gai de pro-fun-dis Qu'elle aille en pa - ra-
dis.
fin.
A cet-te a - me si chè - re Le pa - ra - dis con-
vient Car sui-vant ma grand'mè - re De l'en-fer on re-vient.

PRÉFACE.

Air du vaudeville de Préville et Taconnet.

Allegro.
N° 169
Al - lez en - fans nés sous un au - tre rè - gne
Sous ce - lui - ci quit - tez le coin du feu A - - dieu partez bien que pour vous je crai - gne Cer - tai - nes gens qui
par - don-nent trop peu Cer - tai - nes gens qui par-don-nent trop
peu On m'a cri - é l'oc - ca - si - on est bon-ne
Tous les par - tis rap - pro-chent leurs dra-peaux Tous
les par - tis rap-pro-chent leurs dra-peaux
Al - lez en - fans mais n'é-veil - lez per-son - ne Mon mé - de-
cin m'or-donne le re - pos Al-lez en - fans mais n'é-veillez per-
son-ne Mon mé - de - cin m'or-don-ne le re - pos.

LA MUSE EN FUITE.

Air : *Halte-là!*

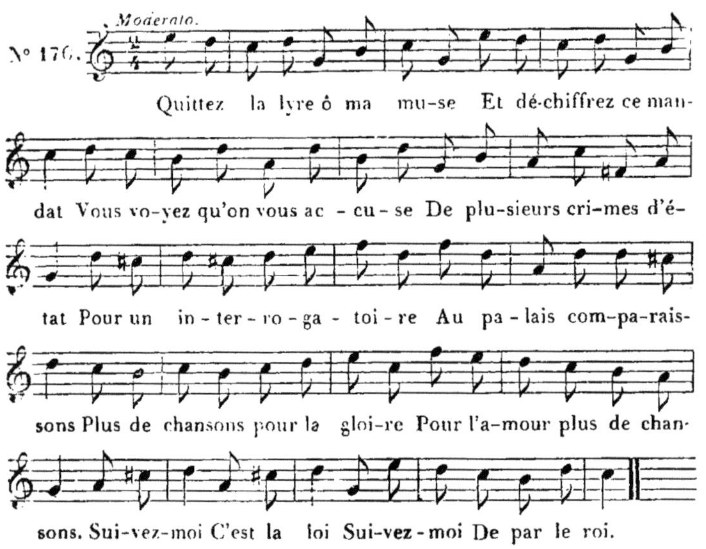
Moderato.
N° 170.
Quittez la lyre ô ma mu-se Et dé-chiffrez ce man-
dat Vous vo-yez qu'on vous ac - cu - se De plu-sieurs cri-mes d'é-
tat Pour un in - ter - ro - ga - toi - re Au pa - lais com-pa-rais-
sons Plus de chansons pour la gloi-re Pour l'a-mour plus de chansons. Sui-vez-moi C'est la loi Sui-vez - moi De par le roi.

DÉNONCIATION EN FORME D'IMPROMPTU.

Air du ballet des Pierrots.

Allegro.
N° 171.
On m'a dé - non-cé je dé - non-ce Oui je dé-
non - ce des cou - plets La gaî - té de l'au - teur an-
non-ce Qu'il peut fi-gu-rer au pa - lais On voit à l'air dont il vous
trai-te Que cent fois il vous per - si - fla. Messieurs les

ju-ges qu'on ar-rê - te Qu'on ar-rê - te cet homme -là.

ADIEUX A LA CAMPAGNE.

Air : *Muse des bois et des accords champêtres.*

Andante legato.
N° 172.
So-leil si doux au dé - clin de l'au - tom - ne
Ar-bres jau - nis je viens vous voir en - cor N'es - pé - rons
plus que la hai - ne par - don - ne A mes chansons leur trop
ra - pide es-sor Dans cet a - si-le où re-vien-dra Zé - phi - re
J'ai tout rê - vé même un nom glo - ri - eux. Ciel vaste et
pur daigne encor me sou-ri - re Échos des bois ré-pé-tez mes a-
dieux É - chos des bois ré - pé - tez mes a - dieux.

LA LIBERTÉ.

Air: *Chantons Lætamini.*

N° 173.
D'un pe - tit bout de chai-ne De-puis que j'ai té-

té Mon cœur en bel - le hai - ne A pris la li - - ber-
te. Fi de la li - ber- té A bas la li - ber - té
Fi de la li - ber- té A bas la li - ber - té!

LA CHASSE.

Air : *Tonton, tontaine, tonton.*

Allegro.
N° 174.
Grace à vo - tre bour-ri - che plei-ne De gi - bier
di - gne d'un glou-ton Ton-ton ton - ton ton - tai - ne tonton Jo - yeux chas - seur d'Ille-et - Vi - lai - ne De vo - tre
cor je prends le ton Ton - ton ton - tai - ne ton-ton.

MA GUÉRISON.

Air de la Treille de sincérité.

Allegretto.
N° 175.
J'es-pè - re Que le vin o - pè - re Oui tout est
bien même en pri - son Le vin m'a ren - du la rai-

fin.
son Le vin m'a don-né la rai-son. A-près
un coup de Ro-ma-né-e La douche a-yant cal-mé mes
sens J'ai mau-dit ma mu-se ob-sti-né-e A rail-ler
les hom-mes puis-sans A rail-ler les hom-mes puis-
sans Un ac-cès pou-vait me re-pren-dre Mais du to-
pi-que ef-fet cer-tain J'a-vais de l'en-cens à leur
ven-dre A-près un coup de Chamber-tin.

L'AGENT PROVOCATEUR.

Air : *Je vais bientôt quitter l'empire.*

Allegretto.
N° 176.
A-vec son ha-bit un peu min-ce A-vec son
cha-peau gou-dron-né Com-me l'hon-neur de la pro-
vin-ce Ce Bourguignon nous est don-né Ce Bourgui-

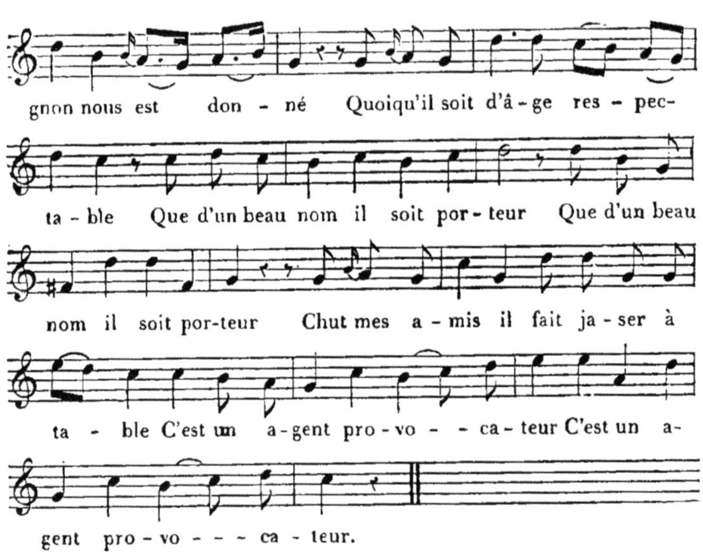
gnon nous est don - né Quoiqu'il soit d'â - ge res - pec-
ta - ble Que d'un beau nom il soit por - teur Que d'un beau
nom il soit por-teur Chut mes a - mis il fait ja - ser à
ta - ble C'est un a - gent pro - vo - - ca - teur C'est un a-
gent pro - vo - - - ca - teur.

MON CARNAVAL.

Air nouveau de M. J. Meissonnier.

N° 177.

Allegro.
A - mi voi - ci la ri - an - te se-
mai-ne Que tous les ans je fê - tais a - vec vous Ma-rot-te en
main dans un char qu'il pro - mè - ne Mo - mus au
bal conduit sa-ges et fous Sur ma pri-son dans l'ombre ense - ve-
li - e Il m'a sem - blé voir pas - ser les amours J'entends au

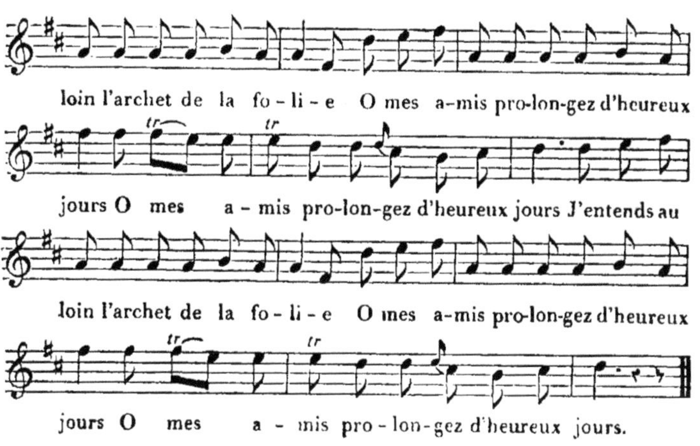
loin l'archet de la fo - li - e O mes a-mis pro-lon-gez d'heureux
tr
tr
jours O mes a - mis pro-lon-gez d'heureux jours J'entends au
loin l'archet de la fo - li - e O mes a-mis pro-lon-gez d'heureux
tr
tr
jours O mes a - mis pro - lon-gez d'heureux jours.

' MÊME CHANSON,

Air des Chevilles de Maître Adam.

N°177 *bis.*

Allegro.
A - mis voi - ci la ri - an - te se-
mai - ne Que tous les ans je fê - tais a - vec
vous Ma - rot - te en main dans le char qu'il pro-
mè - ne Mo - mus au bal con - duit sa - ges et
fous Sur ma pri - son dans l'ombre en-se - ve - li - - e
Il m'a sem - blé voir pas - ser les a-mours J'en-tends au

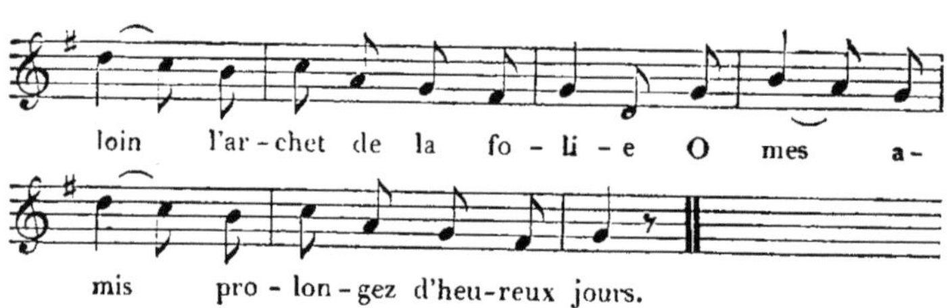
loin l'ar-chet de la fo - li - e O mes a-
mis pro - lon - gez d'heu-reux jours.

L'OMBRE D'ANACRÉON.

Air de la Sentinelle.

N° 178.
Un jeu - ne Grec sou - rit à des tom-
beaux Vic-toi-re il dit l'é-cho re-dit vic-toi-re O de-mi-
dieux vous nos premiers flambeaux Trom-pez le Styx re - vo-
yez vo-tre gloi - - re Sou-dain sous un ciel en - chan-
té Une ombre appa - raît et s'é - cri - e Doux en-fant
de la Li-ber-té Doux en-fant de la Li-ber-té Le plai-sir
veut u - ne pa - tri - - - - - e Doux en - fant
de la Li - ber - te Doux en-fant de la Li - ber - té Le plai-sir

veut u - ne pa - tri - - - - e U - ne pa - tri - - - e!

L'ÉPITAPHE DE MA MUSE.

Air de Ninon chez madame de Sevigné.

N° 179.
Ve-nez tous pas-sans ve-nez li - - - - - - - -
re L'é - pi - ta - phe que je me fais J'ai chan - té
l'a-mou-reux dé - li - - - - - - - - - - - re Le vin la
France et ses hauts faits J'ai plaint les peu-ples qu'on a-
bu - - se J'ai chanson-né les gens du roi Bé-ran-
ger m'ap-pe - - lait sa mu - - - se Bé-ran - ger m'ap-
pe - lait sa mu - - - se Pauvres pé - cheurs pri-ez pour
moi Pauvres pécheurs pri-ez pour moi pri - ez pour
moi Pau - vres pé-cheurs pri - ez pour moi.

LA SYLPHIDE.

Air : *Je ne sais plus ce que je veux.*

Andante.
N° 180.
La rai-son a son i-gno-ran--ce Son flam-
beau n'est pas tou-jours clair El-le ni-ait vo-tre e-xis-
ten---ce Syl-phes charmans peu-ples de l'air Mais
é-car-tant sa lour-de é--gi---de Qui
gê-nait mon œil cu-ri-eux J'ai vu na-guè-re u-ne syl-
phy-de. Syl-phes lé-gers so-yez mes dieux Syl-phes lé-
gers Syl-phes lé-gers so-yez mes dieux.

LES CONSEILS DE LISE.

Air de la Treille de sincérité.

Allegro.
N° 181.
Li-se à l'o-reil-le Me con-seil-le Cet o-ra-
cle me dit tout basChantez monsieur n'é-cri-vez pas Chan-

fin.
tez monsieur n'é-cri-vez pas. Un doux em-ploi pourrait vous
plai-re Me dit Li-se mais son-gez bien Son-gez bien
au poids du sa-lai-re Mê-me chez un vrai ci-to-
yen Mê-me chez un vrai ci-to-yen Res-ter pau-
vre vous est fa-ci-le Quand l'amour a-fin de l'u-ser Vient re-
mon-ter ce luth fra-gi-le Que Thémis a vou-lu bri-ser.

LE PIGEON MESSAGER.

Air de Taconnet.

Allegro.
N° 182.
L'A-ï bril-lait et ma jeu-ne maî-tres-se
Chan-tait les dieux dans la Grèce ou-bli-és Nous com-pa-
rions no-tre France à la Grè-ce Quand un pi-geon vient
s'a-battre à nos pieds Quand un pi-geon vient s'a-battre à nos

pieds Nœ - ris dé - couvre un bil - let sous son ai - le
Il le por - tait vers des fo - yers ché - ris Il le por-
tait vers des fo - yers ché - ris - - - - - Bois dans ma
cou-pe ô mes - sa - ger fi - dè - le Et dors en paix sur
le sein de Nœ - ris Bois dans ma cou-pe ô mes - sa - ger fi-
dè - le Et dors en paix sur le sein de Nœ- ris.

L'EAU BÉNITE.

Air : *Faut d'la vertu, pas trop n'en faut.*

N° 183.
Allegretto.
Ces deux é-poux ont mis en - fin De l'eau bé - ni - te
dans leur vin Ces deux é-poux ont mis en - fin De l'eau bé - ni - te
fin.
dans leur vin. A l'au - - tel ce cou-ple s'en-ga - ge voi-
là de quoi nous ré - cri - er A - près vingt ans de

ma - ri - a - ge O - ser en - cor se ma - ri - er.

L'AMITIÉ.

Air : *Quand des ans la fleur printanière.*

Allegretto.
N° 184.
Sur des ro - ses l'amour sommeil - le Mais quand s'ob-
scurcit l'ho-ri-zon Cé-lé-brons l'a-mi-tié qui veil-le A la por-
fin.
te d'u-ne pri - son. Ty - ran aus - si l'a-mour nous
coû - te Des pleurs qu'e - le sait ar - rê - ter Au poids
de nos fers il a - jou - te El - le nous aide à les por-ter.

LE CENSEUR.

Air de la petite Gouvernante.

Andante.
N° 185.
On me di - sait il est temps d'ê - tre
sa - ge Au Pinde aus-si l'on chan-ge de drapeaux Ten-tez la
gloire et dans un grand ou-vra-ge Pour le thé âtre abdiquez les pi-

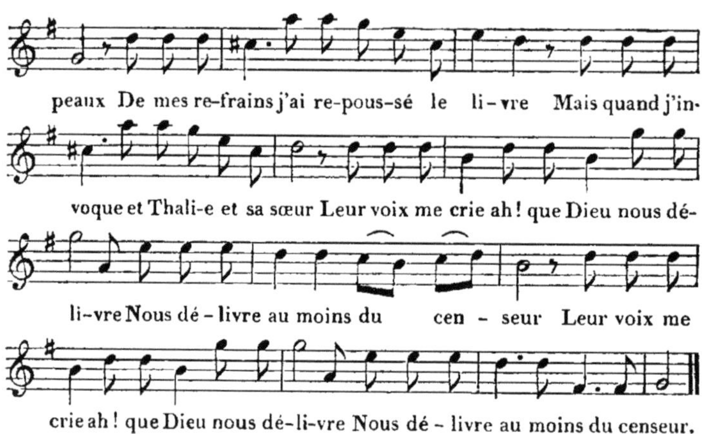
peaux De mes re-frains j'ai re-pous-sé le li-vre Mais quand j'in-
voque et Thali-e et sa sœur Leur voix me crie ah! que Dieu nous dé-
li-vre Nous dé-livre au moins du cen-seur Leur voix me
crie ah! que Dieu nous dé-li-vre Nous dé-livre au moins du censeur.

LE MAUVAIS VIN.

Air : *On dit partout que je suis bête.*

N° 186.
Allegro.
Bé-nis sois-tu vin dé-tes-ta-ble Pour moi tu
n'es point re-dou-ta-ble Bien qu'au maî-tre de ce ban-
quet Des flatteurs vantent ton bouquet Ar-ro-se donc fa-de pi-
quet-te Les fleurs peintes sur mon as-siet-te Vi-ve le
vin qui ne vaut rien No-tre san-té s'en trou-ve bien.

LA CANTHARIDE ou LE PHILTRE.

Air des Comédiens.

Allegretto.
N° 187.
Meurs il le faut meurs ô toi qui re-cè-les Des dons puis-
sans à la vo-lup-té chers Rends à l'amour tous les feux que tes
ai-les Ont à ce dieu dé-ro-bés dans les airs. « Cla-ra » m'a
dit cet-te femme si vieille Qui chaque jour pleure encor son prin-
temps « Quoi! vo-tre joue est dé-jà moins vermeil-le Vous languis-
sez et n'a-vez que vingt ans. Un père al-tier que seul l'in-té-rêt
touche Vous a je-té-e au lit d'un vieil é-poux L'espoir en
vain sou-rit sur vo-tre bou-che L'hy-men l'ef-
fleure et s'endort près de vous. A vo-tre a-bord naît la

froi - de ri - - sé - - e L'amour se dit on m'a
fait un lar - - - cin Mais cet - te ter-re a
des nuits sans ro - sé - - e Et d'au-cun fruit ne
pa - - re - - ra son sein. Trompez l'a-mour croyez-en ma sa-
ges - se Qu'un philtre heu - reux par vos mains pré - pa-
ré De vo-tre époux ral - lu-mant la jeu-nes - se Donne à la
vô-tre un fils tant dé - si - ré. La vieil - le a-
lors bais - sant sa voix trem - blan - te M'en - sei - gne
l'art de ce philtre charmant J'al-lais sans el-le en ma fiè-vre brû-
lan-te Maudi-re é-poux père au-tel et ser-ment. Mais vers ce

frêne accourant dès l'auro - re Dans ses rameaux j'ai su glisser ma
main La can-tha - ri-de y re - po-sait en-co - re Heureuse aus-
si je dor-mi-rai demain. Meurs il le faut meurs ô toi qui re-
cè - les Des dons puissans à la vo-lup-té chers Rends à l'A-
mour tous les feux que tes ai-les Ont à ce dieu dé - ro - bés dans les
airs. Mes jours mes nuits ma vi - - e é - taient sans
char - mes Je ré - pu-gnais à d'in - no - - cens plai- -
sirs Tout bas ma bouche in-sul - tant à mes lar - mes O-
sait don-ner un nom à mes de - sirs. Mon cœur brû-
lait hé-las ! il brûle en-co - re Jamais breuvage au-ra-t-il cette ar-

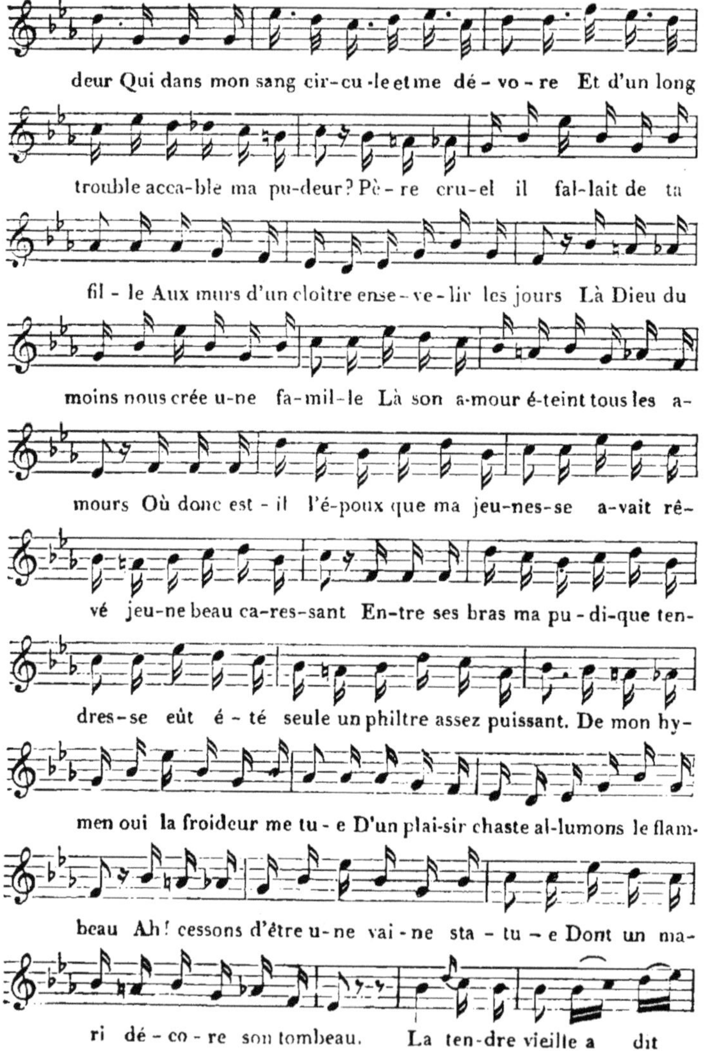
deur Qui dans mon sang cir-cu-le et me dé-vo-re Et d'un long
trouble acca-ble ma pu-deur? Pè-re cru-el il fal-lait de ta
fil-le Aux murs d'un cloître ense-ve-lir les jours Là Dieu du
moins nous crée u-ne fa-mil-le Là son a-mour é-teint tous les a-
mours Où donc est-il l'é-poux que ma jeu-nes-se a-vait rê-
vé jeu-ne beau ca-res-sant En-tre ses bras ma pu-di-que ten-
dres-se eût é-té seule un philtre assez puissant. De mon hy-
men oui la froideur me tu-e D'un plai-sir chaste al-lumons le flambeau Ah! cessons d'être u-ne vai-ne sta-tu-e Dont un ma-
ri dé-co-re son tombeau. La ten-dre vieille a dit

«So - yez do - - ci - - le Et dès de-main re-naî-
tront vos cou - leurs De - main moi - mê-me au
seuil de votre a - si - - le Je sus - pen-drai deux
cou - ron - nes de fleurs. Meurs il le faut meurs ô toi qui re-
cè - les Des dons puis-sans à la vo-lup-té chers Rends à l'a-
mour tous les feux que tes ai - les Ont à ce
dieu dé - ro - bés dans les airs.

LE TOURNE-BROCHE.

Air : *Le bruit des roulettes gâte tout.*

Andante.
N° 188.
Du dî - ner j'ai-me fort la clo-che Mais on la
sonne en peu d'en - droits Plus qu'elle aus-si le tour - ne -

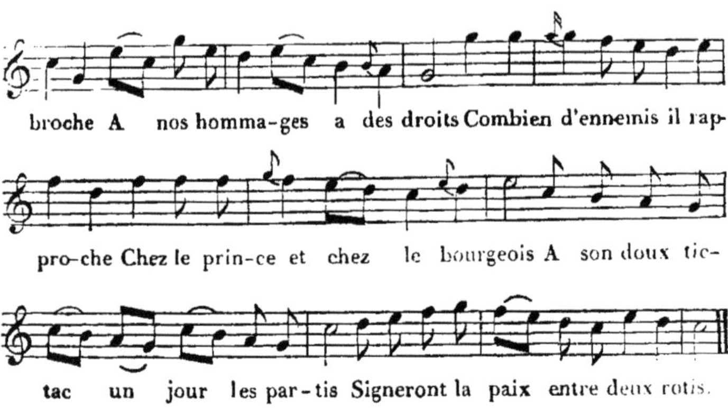
broche A nos homma-ges a des droits Combien d'ennemis il rap-
pro-che Chez le prin-ce et chez le bourgeois A son doux tic-
tac un jour les par-tis Signeront la paix entre deux rotis.

LES SCIENCES.

Air des mauvaises têtes.

Allegretto.
N° 189.
Fa - ti - gué des clar-tés con - fu - ses Qui m'ont
é - ga - ré bien sou - vent J'al - lais ban - nir a - mours et
mu-ses J'al-lais vou-loir ê - tre sa - vant Mais quoi pour
u - - ne a - me in - cer - tai - ne La sci - ence est d'un
vain secours Gardons Li - set-te et La Fon-tai - ne Mu - ses

res - tez res - tez a - mours Gar-dons Li - set - te et La Fon-
tai - ne Mu - ses res - tez res - tez a-mours.

LE TAILLEUR ET LA FÉE.

Air d'Angéline (de Wilhem).

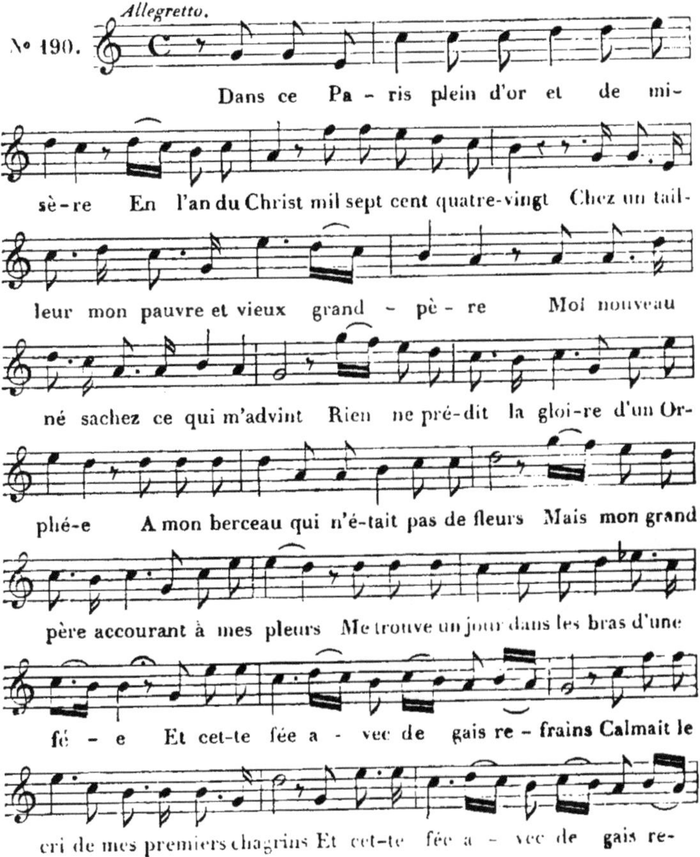
Allegretto.
N° 190.
Dans ce Pa - ris plein d'or et de mi-
sè-re En l'an du Christ mil sept cent quatre-vingt Chez un tail-
leur mon pauvre et vieux grand - pè - re Moi nouveau
né sachez ce qui m'advint Rien ne pré-dit la gloi-re d'un Or-
phé-e A mon berceau qui n'é-tait pas de fleurs Mais mon grand
père accourant à mes pleurs Me trouve un jour dans les bras d'une
fé - e Et cet-te fée a - vec de gais re - frains Calmait le
cri de mes premiers chagrins Et cet-te fée a - vec de gais re-

frains Cal-mait le cri de mes pre-miers cha-grins.

LA DÉESSE.

Air de la petite Gouvernante.

Andante.
N° 191.
Est-ce bien vous vous que je vis si
bel-le Quand tout un peuple entourant vo-tre char Vous sa-lu-
ait au nom de l'immor-tel-le Dont votre main brandissait l'é-ten-
tard De nos res-pects de nos cris d'al-lé-gres-se De vo-tre
gloire et de vo-tre beau-té Vous marchiez fière oui vous é-tiez dé-
es-se Dé-es-se de la li-ber-té Vous mar-chiez
fière oui vous é-tiez dé-es-se Dé-es-se de la li-ber-té.

LE MALADE.

Air : *Muse des bois et des accords champêtres.*

Andante legato.
N° 192.
Un mal cui-sant dé-chi-rait ma poi-tri-ne

Ma fai - ble voix s'é-teint dans les dou - leurs Et tout re-
naît et dé - jà l'au-bé - pi-ne A vu l'a-beille accou-rir à ses
fleurs Dieu d'un sou - rire a bé - ni la na - tu - re Dans leur splen-
deur les cieux vont é-cla - ter. Reviens ma voix faible mais douce et
pu - re Il est en - cor de beaux jours à chan - ter
Il est en - cor de beau jours à chan-ter.

LA COURONNE DE BLUETS.

Air : *J'ai vu partout dans mes voyages.*

Andante.
N° 195.
Du ciel j'ar - ri-ve et mon vo - ya - ge Nous é - pargne à tous bien des pleurs Beau - té fo - lâ-tre au-tant que
sa - - ge Ne jou - ez plus a - vec des fleurs Ne jou - ez
plus a - vec des fleurs Sa - chez qu'hi - er la pan - se

ron - de Et l'œil ob-scur-ci par Bacchus Ju-pin a cru dans no-tre
mon-de Voir u - ne cou-ron - ne de plus Ju - pin a
cru dans no - tre mon-de Voir u - ne cou-ron-ne de plus.

MÊME CHANSON,

Air portant le même timbre, par Plantade.

Allegretto.
N° 193 bis.
Du ciel j'ar-rive et mon vo - ya - - - - - ge Nous
é - pargne à tous bien des pleurs Beau - té fo - lâtre au-tant que
sa - - - - - - ge Ne jou - ez plus a - vec des fleurs Sa-
chez qu'hier la pan-se ron - - - de Et l'œil ob-scur-ci par Bacchus Ju - pin a cru dans no-tre mon - - - de Voir
u - ne couron-ne de plus Ju - pin a cru dans no-tre
mon - - - de Voir u - ne couron-ne de plus.

L'ÉPÉE DE DAMOCLÈS.

Air : *A soixante ans.*

Allegretto.
N° 194.
De Da - mo - clès l'é - pé - e est bien con-
nu - e En son-ge à table il m'a sem-blé la voir Sous cet-te é-
pée et me-na-çante et nu - e Denys l'an-cien me forçait à m'as-
seoir De - nys l'an-cien me for-çait à m'as-seoir Je m'é-cri-
ais que mon destin s'a-chève La coupe en main au doux bruit des concerts La cou-pe en main au doux bruit des concerts ! O vieux Denys je me ris de ton glai-ve Je bois je chante et je siffle tes
vers O vieux De - nys je me ris de ton glai-
ve Je bois je chante et je sif - fle tes vers Je bois je
chante et je sif - fle tes vers Et je sif - fle tes vers

LA MAISON DE SANTÉ.

Air du Ménage du Garçon.

Allegro.
N° 195.
Na-guère en un ro - yal hos - pi - ce J'al-lai su-
bir les soins de l'art Es-cu- la - pe me fut pro-pi - ce Je bé - nis
cet heu-reux ha - sard Je bé - - nis cet heu - reux ha-
sard Mais l'a - mi - tié tou-jours crain-ti - ve Me dit point
de sé - cu - ri - té Un *qui - pro-quo* bien vi - te ar -
ri - ve Chan-ge de mai-son de san - té Un *qui-pro-*
quo bien vite ar - ri - ve Chan-ge de mai-son de san - té.

LA BONNE MAMAN.

Air: ***J'étais bon chasseur autrefois.***

Moderato.
N° 196.
Au di - re d'un pro-verbe an - cien L'a - mi - tie
ne re - mon - te guè - re Bon pe - tit - fils je n'en crois

rien Quand je pen - se à vous ma grand' - mè - - - re
Ces ti - tres quelque-fois si doux Vous pa - rai-traient-ils in - si-
pi - des ? Bon - ne ma - man con-so - lez - vous Bon - ne ma-
man con - so - lez - vous Vous n'a - vez point en - cor de ri -
des Vous n'a-vez point en - cor de ri - - - des.

LE VIOLON BRISÉ.

Air : *Je regardais Madelinette.*

Allegretto.
N° 197.
Viens mon chien viens ma pauvre bê - te Mange mal-
gré mon déses-poir Il me reste un gâ-teau de fê - te Demain nous
au - rons du pain noir De - main nous au - rons du pain
fin.
noir. Les é - tran - gers vainqueurs par ru - se M'ont dit hi -
er dans ce val - lon : Fais-nous dan - ser ! Moi je re-

fu - se L'un d'eux bri - se mon vio - lon.

LE CONTRAT DE MARIAGE.

Air : *Daignez m'épargner le reste.*

N° 198.
Allegretto.
« Si - re de grace é-cou-tez-moi » Le prin-ce
cou - rait chez sa da - me « Si - re vous ê - tes un grand
roi Dai-gnez me ven - ger de ma fem-me » Le roi dit
« Qu'on tienne é - loi - gné Ce fou qui m'ar - rê-te au pas-
sa - ge» « Ah! si - re vous a - vez si - gné Ah! si - re
vous a - vez si - gné Mon con-trat de ma - ri - a -
ge Mon con-trat de ma - ri - a - - - - ge. »

LE CHANT DU COSAQUE.

Air : *Dis-moi, soldat, dis-moi, t'en souviens-tu.*

N° 199.
Allegretto.
Viens mon cour - sier noble a - mi du co-

sa - que Vole au si-gnal des trompet-tes du Nord Prompt au pil-
la - - ge in-tré - pide à l'at - ta - - que Prê - te sous
moi des ai-les à la mort L'or n'en-ri-chit ni ton frein ni ta
sel - le Mais at-tends tout du prix de mes exploits Hennis d'orgueil ô mon cour-sier fi - dè - - - le Et fou-le au
pieds les peuples et les rois Hen-nis d'orgueil ô mon coursier fi-
dè - - - le Et foule aux pieds les peu-ples et les
rois Et foule aux pieds les peu - ples et les rois.

LE BON PAPE.

Air du Sorcier.

N° 200.
Allegro.
Mê-lant la fa - ble et l'É-cri - tu - re Ja - dis un
ma - - lin trou-ba dour D'un pa pe tra - ça la pein-

tu-re Qu'en me si - gnant Je mets au jour Ce pon-
ti-fe à sa cham-bri - è - - re Disait « quel bon lit d'é - dre-
don Ma dondon Riez donc Sautez donc J'ai tout ce qu'e-xi-ge saint
Pier-re Oui de Cy-thè - re vieux routier Je suis en-tier Je suis en-
tier Je suis en - tier Je suis en - tier.

LES HIRONDELLES.

Air de la romance de Joseph.

N°201.
Andante.
Cap - tif au ri - va - - ge du Mau - re Un guerrier cour - bé sous ses fers Di - - sait je vous re - vois en-
co - - re Oi-seaux en - ne - mis des hi - vers Hi - ron-
del-les que l'es - pé - ran - ce Suit jusqu'en ces brû-lans cli-
mats Sans dou - te vous quit-tez la Fran - ce De mon pai-

is ne me par-lez-vous pas Sans dou-te vous quit-tez la
Fran - ce De mon pa - ys ne me par-lez-vous pas?

MÊME CHANSON,

Musique de M. Amédée de Beauplan.

Lent avec expression.
N° 201 *bis.*
Cap-tif au ri-va-ge du Mau - re Un guer-
rier cour-bé sous ses fers Di - sait je vous re-vois en-
co - - re Oiseaux en-ne-mis des hi-vers Hi-ron-del-les
que l'es-pé-ran-ce Suit jus-qu'en ces brû-lans cli-mats
Sans dou-te vous quit-tez la Fran-ce De mon pa-ys ne
me par-lez-vous pas Sans dou-te vous quittez la Fran - -
ce - - De mon pa - ys ne me par-lez - vous pas?

LES FILLES.

Air : *Verdrillon, verdrillette, verdrille.*

Allegretto.

N° 202.

Quand les fil - les nais-sent chez vous Pour le plai-sir de ce monde Di-tes - moi messieurs les é-poux Pourquoi cha-cun de vous gron - de Aux fil - les mor-bleu nous te-nons Fai-tes - en fai - tes - en de gen - til - les Qu'el-les soient an - ges ou dé-mons Fai-tes des fil - les Nous les ai-mons.

LE CACHET ou LETTRE A SOPHIE.

Air de la Bonne Vieille (de M. B. Wilhem.)

Moderato.
N° 203.
Il vient de toi ce ca - chet où le
lier - - re Ser-pen-te en or sym - bo-le in - gé - ni - eux
Ca-chet où l'art a gra - vé sur la pier - re Un jeune A-
mour au doigt mys - té - ri - eux Il est sa - cré mais en

vain ma So - phi - - e A ton a - mant il
of - fre son se - cours De son pou - voir ma plu - me se dé-
fi - - e Plus de se - cret mê - me pour les a - mours.

LA JEUNE MUSE.

Air : *Où s'en vont ces gais bergers.*

N° 204.

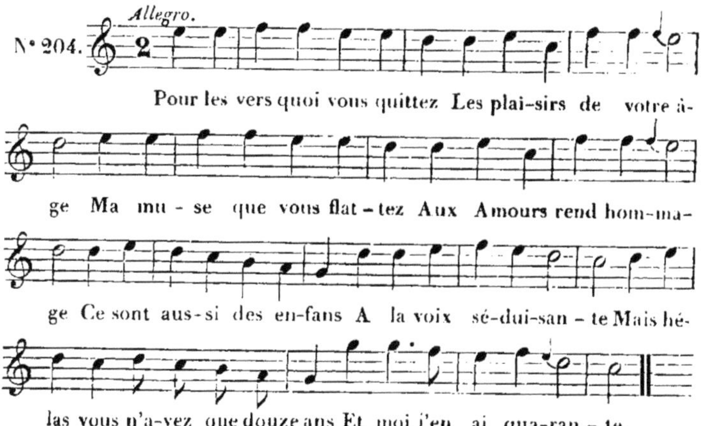
Allegro.
Pour les vers quoi vous quittez Les plai-sirs de votre â-
ge Ma mu - se que vous flat - tez Aux Amours rend hom-ma-
ge Ce sont aus-si des en-fans A la voix sé-dui-san - te Mais hé-
las vous n'a-vez que douze ans Et moi j'en ai qua-ran - te.

LA FUITE DE L'AMOUR.

Air : *Dis-moi, soldat, dis-moi, t'en souviens tu?*

N° 205.

Allegretto.
Je vois dé - jà se dé - plo - yer tes
ai - - les Amour a - dieu mon bel â-ge est pas - sé D'un air mo-

queur les gra-ces in-fi-dè--les Mon-trent du
doigt mon réduit dé-lais-sé S'il fut des jours où j'ai mau-dit tes
ar-mes Sa-vais-je hélas! que tu m'en pu-ni-rais Ah! plus A-
mour tu nous cau-ses de lar--mes Plus quand tu
fuis tu lais-ses de re-grets Ah! plus Amour tu nous causes de
lar--mes Plus quand tu fuis tu lais-ses de re-
grets Plus quand tu fuis tu lais-ses de re-grets.

L'ANNIVERSAIRE.

Air : *Du partage de la richesse.*

N° 206.
Allegro
De-puis un an vous ê--tes né-e
Hé--lo-ï-se le sa--vez-vous C'est là vo-
tre plus bel--le an-né-e Mais l'a-ve-nir vous

se - - ra doux Voi - ci des fleurs que l'on vous
don - ne Pa - - rez-vous - en et s'il vous
plaît Char - mante a - vec cet - te cou - - ron-ne
N'al - - lez point en fai - re un ho - - - chet
N'al - lez point en fai - re un ho - - chet.

LE VIEUX SERGENT.

Air : *Dis-moi, soldat, dis-moi, t'en souviens-tu.*

N° 207.
Allegretto.
Près du rou - et de sa fil - le ché-
ri - - e Le vieux sergent se distrait de ses maux Et d'u-ne
main que la bal-le a meur- tri - - - e Berce en ri-
ant deux petits-fils jumeaux As-sis tran-quille au seuil du toit cham-
pê-tre Son seul re - fu-ge après tant de combats Il dit-par-

fois ce n'est pas tout de naî - - - tre Dieu mes en-
fans vous donne un beau trépas Il dit par-fois ce n'est pas tout de
naî - - - tre Dieu mes en - fans vous donne un beau trépas Dieu mes en - fans vous donne un beau tré - pas.

LE PRISONNIER.

Air de la balançoire (de M. Amédée de Beauplan).

N° 208.
Lent.
Rei - ne des flots sur ta bar-que ra - pi - - de
Vogue en chantant au bruit des longs é-chos Les vents sont
doux l'onde est calme et lim - pi - de Le ciel sou - rit vo-
fin.
gue rei-ne des flots. Ain - si chan - te à tra - vers les
gril-les Un cap-tif qui voit cha - que jour Vo - - guer
la plus bel - le des fil - - - - - - les

Sur les flots qui bai - - gnent la tour.

L'ANGE EXILÉ.

Air : *A soixante ans.*

Allegretto.
N°209.
Je veux pour vous prendre un ton moins fri-
vo - le Co-rin-ne il fut des an-ges ré - vol - tés Dieu sur leur
front fait tomber sa pa - ro - le Et dans l'a - bîme ils sont préci - pi-
tés Et dans l'a - bîme ils sont pré-ci - pi - tés Doux mais fra-
gile un seul dans leur ru-i - ne Contre ses maux garde un puis-sant se-
cours Con - tre ses maux garde un puissant se-cours Il reste ar-
mé de sa ly - re di - vi - ne Ange aux yeux bleus pro-té-gez-moi tou-
jours Il res - te ar - mé de sa ly - re di - vi-
ne Ange aux yeux bleus pro-té - gez-moi toujours Ange aux yeux

bleus pro - té - gez-moi toujours Pro - - té - gez-moi tou-jours.

LA VERTU DE LISETTE.

Air : *Je loge au quatrième étage.*

Allegretto.
N° 210.
Quoi de la ver-tu de Li - set - te Vous plai-san-
'ez da - mes de cour Eh bien d'ac - cord el - le est gri-
set - te C'est de la noblesse en a-mour C'est de la noblesse en a-
mour Le bar-reau l'é - gli-se et les ar - mes De ces yeux
noirs font très grand cas Li - se ne dit rien de vos
char-mes De sa ver - tu ne par - lons pas Li - se ne
dit rien de vos charmes De sa ver - tu ne par-lons pas.

LE VOYAGEUR.

Air : *Plus on est de fous, plus on rit.*

Allegretto.
N° 211.
« Vo - ya - geur dont l'â - ge in - té - - - res - se

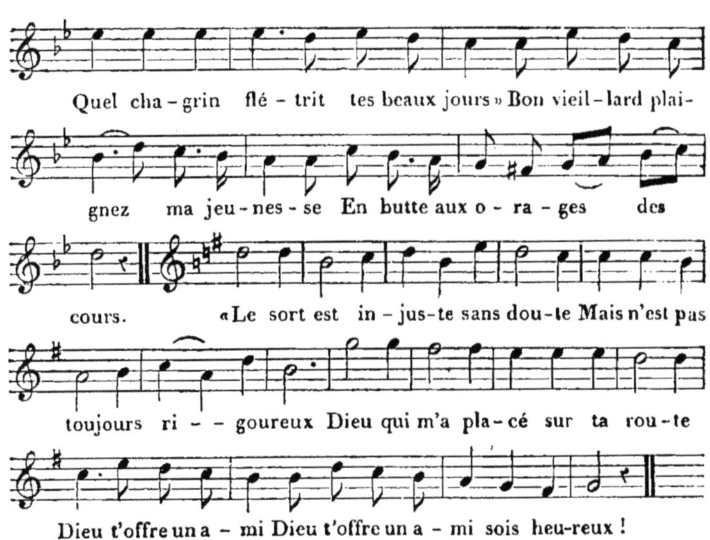
Quel cha - grin flé - trit tes beaux jours » Bon vieil - lard plai-
gnez ma jeu - nes - se En butte aux o - ra - ges des
cours. « Le sort est in - jus - te sans dou - te Mais n'est pas
toujours ri - - goureux Dieu qui m'a pla - cé sur ta rou - te
Dieu t'offre un a - mi Dieu t'offre un a - mi sois heu-reux !

OCTAVIE.

Air des Comédiens.

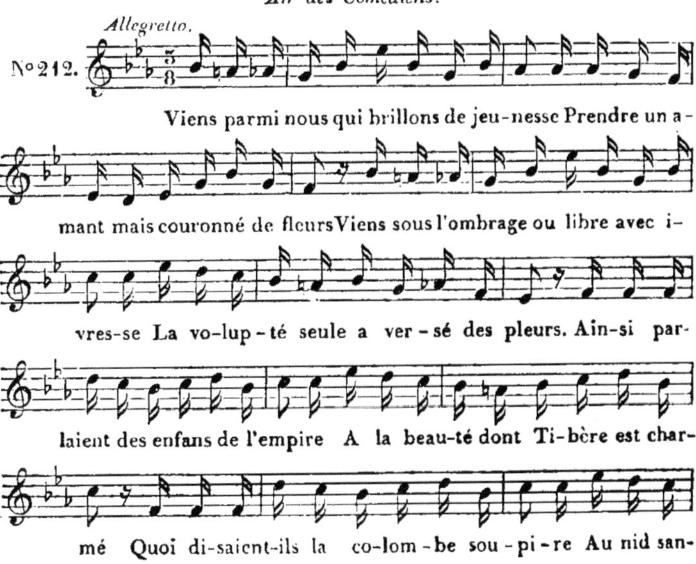
Allegretto.
N° 212.
Viens parmi nous qui brillons de jeu - nesse Prendre un a-
mant mais couronné de fleurs Viens sous l'ombrage ou libre avec i-
vres-se La vo-lup - té seule a ver - sé des pleurs. Ain-si parlaient des enfans de l'empire A la beau-té dont Ti-bère est char-
mé Quoi di-saient-ils la co-lom - be sou - pi - re Au nid san-

glant du vautour af - fa - mé. Belle Octa-vie à tes fê-tes splen-
di-des Dis-nous la joie a-t-el - le ja-mais lui Ton char trai-
né par six cour-siers ra - pi - des Lais - se trop
loin les a-mours a - près lui. Sur un vieux maître aux Ro-
mains qu'elle ou - - tra - ge Tant d'o-pu - lence annonce ton cré - - dit Mais sous la pourpre on
sent ton es-cla - va - - ge Et tu le sais l'es-
cla - va - ge enlai-dit. Marche aux accords des ly - res pa-ra-
si - tes Que par les grands tes vœux soient é - pi-
és Dé - jà dit - on nos prê-tres hy-po - cri - tes Ont de leurs
dieux mis l'en - cens à tes pieds. Mais à la

cour lis sur tous les vi - sa - ges Traî - tres flat-
teurs meurtriers vils faquins D'impurs ruisseaux gonflés par nos o-
ra-ges Font débor-der cet é - gout des Tarquins. Tendre Octa-
vi-e i - ci rien n'effa-rouche Le dieu qui cède à qui mieux le res-
sent Ne li - vre plus les ro - ses de ta bou-che Aux bai-sers
morts d'un fantôme impuissant. Viens parmi nous qui brillons de jeu-
nes - se Prendre un a-mant mais couronné de fleurs Viens sous l'ombrage où libre a-vec i - vresse La vo-lup-té seule a ver- sé des
pleurs. Ac-cours i - ci pu - - ri - - fi - - er tes
char - mes Les dé - la-teurs res-pec-tent nos loi -
sirs Tous à leur prince ont pré - dit que nos ar - mes se

rouil - le-raient à l'om - bre des plai-sirs. Sur les cous-
sins où la douleur l'enchaîne Quel mal dis-tu vous fait ce roi des
rois Vois-le d'un masque enjo - li - ver sa hai-ne Pour é-touf-
fer no-tre gloire et nos lois. Vois ce cœur faux que cherchent tes ca-
res-ses De tous les siens n'aimer que ses aï - eux Charger de
fers les muses ven-ge-res-ses Et par ses mœurs nous ré-vé-ler ses
dieux Peins-nous ses feux qu'en secret tu re-dou-tes Quand sur ton
sein il cu-ve son nec-tar Ses feux in-fects dont s'indignent les
voû-tes Où plane en-cor l'ai-gle du grand Cé-sar. Ton se-xe
faible est oublieux des crimes Mais dans ces murs ouverts à tant de
peurs N'entends-tu pas des ombres de vic - ti - mes Mê-ler leurs

cris à tes soupirs trompeurs. Sur le ty-ran et sur
toi le ciel gron - de A - vec les siens ne con-
fonds plus tes jours Ah! trop sou-vent la
li - - ber - té du mon - de A d'un long deuil af-
fli - - gé les a-mours. Viens parmi nous qui brillons de jeu-
nes - se Prendre un a - mant mais cou - ron - né de
fleurs Viens sous l'om - bra-ge où li - bre a-vec i-
vres - se La vo - lup - té seu-le a ver - sé des pleurs.

LE FILS DU PAPE.

Air : *Lison dormait dans la prairie.*

Allegro.
N° 215.
Ma mè - - re quit-tez la be -
sa - ce Le pape a-vec vous a cou - ché Je cours lui

rap-pe - ler en fa - ce Qu'il fut un moi-ne dé-bau-
ché Quoi-que sol - dat il va j'es - - pè - re Me cré -
er car - di - nal ne - veu Ah! ven-tre bleu Ah! sa - cre
bleu Saint père au moins so - yez bon pè - re Ah! ven-tre
bleu Ah! sa-cre bleu Ou je f . . le saint siè-ge au feu.

MON ENTERREMENT.

Air : *Quand on ne dort pas de la nuit.*

Andante.
N° 214.
Ce ma - tin je ne sais com-ment Je vois d'a-
mours ma cham-bre plei - ne J'é - tais cou - ché sans mou-ve-
ment Il est mort di - saient - ils gai - ment De l'in - hu-
mer pre-nons la pei - - ne Lors je mau-dis en - tre mes
draps Ces dieux que j'ai-mais tant à sui - - vre A - mis si

j'en crois ces in - grats Plai - gnez - moi Plai-gnez - moi
j'ai ces-sé de vi - - vre Plaignez-moi j'ai ces - sé de
vi - - vre Plaignez-moi j'ai ces - - sé de vi - - vre.

LE POÈTE DE COUR.

Air de la Treille de sincérité.

Nº 215.
Allegretto.
On a - chè - te ly-re et mu - set - te Com-me tant
d'au-tres à mon tour Je me fais po - è - te de
cour Je me fais po - è - te de cour.
fin.
Te chan-
ter en - co-re ô Ma - ri - e Non vraiment je ne l'o - se
pas Ma muse en - fin s'est a - guer - ri - e Et vers la
cour tour-ne ses pas Et vers la cour tour-ne ses
pas Je ga - ge s'il nait un Vol - tai - re Qu'on em-prun-

te pour l'a - che - ter Prêt à me vendre au mi - nis-
tè - - re Pour toi je ne puis plus chan - ter.

COUPLET

ÉCRIT SUR UN RECUEIL DE CHANSONS.

Air de la République.

Andante.
N°216.
Si j'é - tais roi roi de la chan-son-
net-te Comme en se-cret me l'a dit maint flatteur Vo-tre re-
cueil à ma muse inqui - è - te Dé-non-ce-rait un jeune usur-pa-
teur Car les con-seils qu'en si bon vers il don-ne Au pauvre
peuple objet de tant d'effroi Feraient trembler mon sceptre et ma cou-
ron-ne Si j'é-tais roi Si j'é - tais roi Feraient trembler mon sceptre et ma couron-ne Si j'é-tais roi Si j'é-tais roi.

LES TROUBADOURS.

Air : *Je commence à m'apercevoir* (d'Alexis).

Allegro.
N° 217.
J'en-ton-ne sur les trou - badours Un chant di-thy-ram-
bi-que Mal-gré goût et lo - gi - - - - que Cou-lez vers longs mo-
yens et courts Mo-mus som - meil - le Qu'on le ré - veil - le
Gai far - fa - det qu'il ri - e à no - tre o-reil - le Lais-
sons mal - gré maux et dou-leurs L'Es - pé - ran - ce es - su-
yer nos pleurs Li - set - te ap-por-te et du vin et des fleurs Nar-
guant des lois sé - vè - res Trou - badours et trou - vè - res Au
nez des rois vi - daient gaîment leurs ver - - res.

LES ESCLAVES GAULOIS.

Air : *Un soldat par un coup funeste.*

Allegro.
N° 218.
D'anciens Gaulois pau-vres es - cla-ves Un soir qu'au-

tour d'eux tout dor-mait Le-vaient la dî-me sur les
ca-ves Du maî-tre qui les op-pri-mait Leur gai-
té s'é-veil-le Ah! dit l'un d'eux nous fai-sons des ja-
loux L'esclave est roi quand le maî-tre som-meil-le En-i-vrons-
nous En-i-vrons-nous En-i-vrons-nous En-i-vrons-nous!

TREIZE A TABLE.

Air du vaudeville de Préville et Taconnet.

Allegro.
N° 219.
Dieu mes a-mis nous som-mes trei-ze à ta-ble
Et de-vant moi le sel est ré-pan-du Nom-bre fa-
tal pré-sa-ge é-pou-van-ta-ble La mort ac-court je
fris-son-ne é-per-du La mort ac-court je fris-son-ne é-per-
du El-le ap-pa-raît es-prit fé-e ou dé-es-se

Mais bel-le et jeu--ne el-le sou-rit d'a-bord Mais
bel-le et jeu-ne el-le sou-rit d'a-bord---------
De vos chansons ra-ni-mez l'al-lé-gres-se Non mes a-
mis je ne crains plus la mort De vos chansons ra-ni-mez l'al-lé-
gres-se Non mes a-mis je ne crains plus la mort.

LAFAYETTE EN AMERIQUE.

Air : *A soixante ans.*

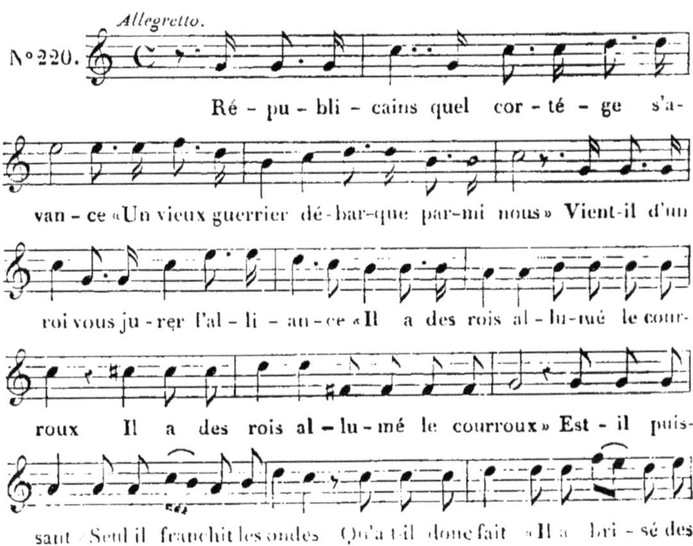
Allegretto.
N° 220.
Ré-pu-bli-cains quel cor-té-ge s'a-
van-ce «Un vieux guerrier dé-bar-que par-mi nous» Vient-il d'un
roi vous ju-rer l'al-li-an-ce «Il a des rois al-lu-mé le courroux Il a des rois al-lu-mé le courroux» Est-il puis-
sant «Seul il franchit les ondes» Qu'a-t-il donc fait «Il a bri-sé des

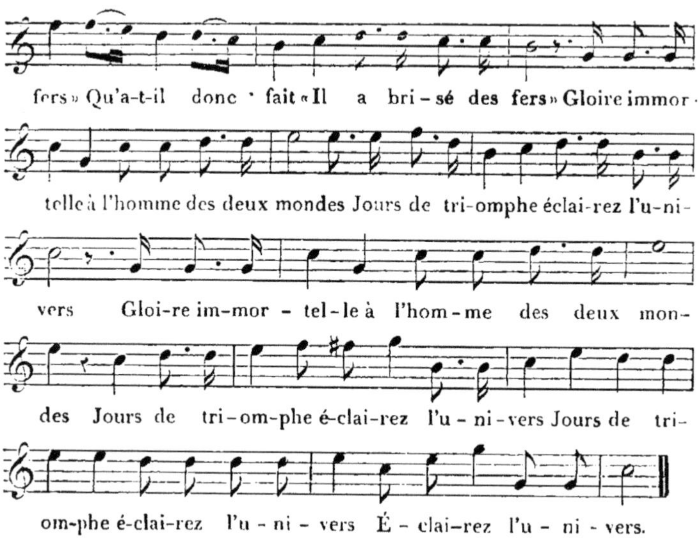
fers» Qu'a-t-il donc fait «Il a bri-sé des fers» Gloire immor-
telle à l'homme des deux mondes Jours de tri-omphe éclai-rez l'u-ni-
vers Gloi-re im-mor-tel-le à l'hom-me des deux mon-
des Jours de tri-om-phe é-clai-rez l'u-ni-vers Jours de tri-
om-phe é-clai-rez l'u-ni-vers É-clai-rez l'u-ni-vers.

MAUDIT PRINTEMPS.

Air: *C'est à mon maître en l'art de plaire.*

Andante.
N°221.
Je la vo-yais de ma fe-nê-tre A la sien-
ne tout cet hi-ver Nous nous ai-mions sans nous connai-tre Nos bai-sers se croi-saient dans l'air En-tre ces
til-leuls sans feuil-la-ge Nous re-gar-der com-blait nos
jours Aux ar-bres tu rends leur om-bra-ge

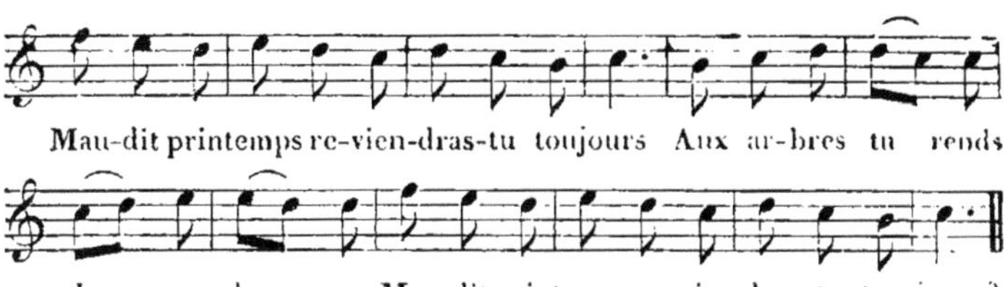
Mau-dit printemps re-vien-dras-tu toujours Aux ar-bres tu rends
leur om - bra - ge Mau-dit printemps re-vien-dras-tu tou-jours ?

MÊME CHANSON,

Musique de Darondeau.

Allegro moderato.
N° 221 bis.
Je la vo-yais de ma fe - nê - - tre A la
sien-ne tout cet hi - ver Nous nous aimions sans nous con-naî - -
tre Nos bai - sers se croi - saient dans
l'air En - tre ces til - leuls sans feuil - la - -
ge Nous re - gar - der com-blait nos jours
Aux ar - bres tu rends leur om - bra - ge Mau - dit prin-
temps Mau-dit prin-temps re-vien-dras-tu tou-jours Mau-dit prin-
temps reviendras - tu toujours Maudit printemps re-viendras - tu tou-

jours Mau - - dit prin-temps re-viendras-tu tou-jours?

PSARA.

Air : *A soixante ans il ne faut pas remettre.*

Allegretto.

N° 222.

Nous tri-omphons Allah gloire au prophè-te Sur ce ro-

cher plan-tons nos é - tendards Ses dé - fenseurs il - lustrant leur dé-

fai - te En vain sur eux font crouler ses rem-parts En vain sur
eux font crouler ses remparts Nous tri-omphons et le sa - bre ter-

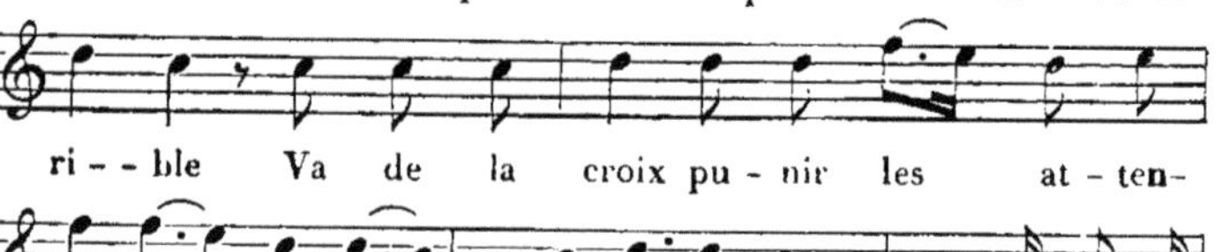
ri - - ble Va de la croix pu - nir les at - ten-
tats Va de la croix pu-nir les at-ten-tats Ex-ter-mi-

nons u - ne ra-ce invin - ci - ble Les rois chrétiens ne la ven-ge-ront

pas Ex - ter - mi - nons u - ne ra - ce in - vin - ci-

ble Les rois chrétiens ne la ven - ge - ront pas Les rois chré-

tiens ne la ven-ge-ront pas Ne la ven-ge-ront pas.

LE VOYAGE IMAGINAIRE.

Air : *Muse des bois et des accords champêtres.*

Andante legato.
N° 223.
L'automne ac-court et sur son ai-le hu-mi-de
M'appor-te en-cor de nou-vel-les dou-leurs Toujours souf-
frant toujours pauvre et ti-mi-de De ma gaî-té je vois pâ-lir les
fleurs Ar-rachez-moi des fan-ges de Lu-tè-ce Sous un beau
ciel mes yeux devaient s'ouvrir Tout jeune aussi je ré-vais à la
Grè-ce C'est là c'est là que je voudrais mou-rir
C'est là c'est là que je vou-drais mou-rir.

L'IN-OCTAVO ET L'IN-TRENTE-DEUX.

Air du Carnaval.

Allegretto.
N° 224.
Quoi mes couplets en-cor u-ne sot-ti-se O-sez-vous

bien pa-rai-tre in-oc-ta-vo Ju-ge cri-tique et docteur de l'É-
gli-se Vont a-près vous s'a-charner de nou-veau L'in-tren-te-
deux trompait l'œil du my-o-pe Mais vos défauts vont ê-tre tous sen-
tis C'est le ci-ron vu dans un mi-cros-co-pe Mieux vous al-
lait de res-ter tout pe-tits Pe-tits pe-tits oui pe-tits tout pe-
tits C'est le ci-ron vu dans un mi-cros-co-pe Mieux vous al-
lait de rester tout pe-tits Pe-tits pe-tits oui pe-tits tout pe-tits.

COUPLETS

SUR UN PRÉTENDU PORTRAIT DE MOI.

Air : *Je loge au quatrième étage.*

Allegretto.
N°225.
Pe-tit por-trait de fan-tai-si-e Mise en tê-
te de mon re-cueil Pen-ses-tu que par cour-toi-
si-e Le monde entier te fasse ac-cueil Le mon-de entier te fasse ac-

cueil Tu peux te pa - rer si tu l'o - ses De lau-rier
mo - deste et dis - cret Tu peux te cou - ron - ner de
ro - ses Non non tu n'es pas mon por-trait Tu peux te
cou-ron-ner de ro - ses Non non tu n'es pas mon por-trait.

LE GRENIER.

Air du Carnaval (de Meissonnier).

N° 226.
Allegretto.
Je viens revoir l'a-si-le où ma jeu-nes-se De la mi-
sè-re a su - bi les le-çons J'avais vingt ans u - ne fol - le mai-
tres - se De francs a - mis et l'amour des chansons Bra-vant le
monde et les sots et les sa-ges Sans a - ve - nir ri-che de mon prin-
temps Les - te et jo - yeux je mon - tais six é-
ta - ges Dans un grenier qu'on est bien à vingt ans Dans un gre-

tr
nier qu'on est bien à vingt ans Leste et joyeux je mon-tais six é-
ta - ges Dans un gre - nier qu'on est bien à vingt
ans Dans un gre - nier qu'on est bien à vingt ans.

L'ÉCHELLE DE JACOB.

Air : *Ah! si madame me voyait.*

N° 227.
Allegretto.
Lorsqu'un pa - tri - arche en dor-mant Vit la plus
lon-gue des é - chel-les Où de crain-te d'u-ser leurs
ai - les Les an-ges montaient les - te - ment Jusqu'aux
por-tes du fir - ma-ment Il vit ses fils quelqu'un l'as-
su - - re Sur l'é - chelle aus-si se his - ser Cro-
yant qu'au ciel on fait l'u - su - re. Grand Dieu le pied va leur glisser Grand Dieu le pied va leur glis - ser.

LE CHAPEAU DE LA MARIÉE.

Air du Pêcheur.

Andante.
N° 228.
De-main en-ga-gez vo-tre foi A l'é-
glise al-lez sans scru-pu - - le Fil-le trom-peuse oubli-ez-
moi Pour un é-poux riche et cré-du - - - - -
le Des ro-ses qui naissaient pour lui La
dime à tort me fut pa-yé - - - e Mais en retour j'offre aujour-
d'hui Le chapeau de la ma-ri - - é - - - e Mais en
retour j'offre au-jour-d'hui Le chapeau de la ma-ri-
é-e Le cha-peau de la ma - - - ri - - ée.

LA MÉTEMPSYCOSE.

Air de la Robe et des Bottes.

Andante.
N° 229.
Grand par-ti - - san de la mé-tem-psy-

co-se En phi-lo-sophe hi-er sur l'o-reil-ler De mes pen-
chans pour connai-tre la cause J'ai mis mon ame en train de ba-bil-
ler El-le m'a dit tu me dois un beau cier-ge Car sans mon
souffle au né-ant tu res-tais Mais jusqu'à toi je n'ar-ri-vai point
vier-ge Ah! mon a-me je m'en dou-tais Mais jus-qu'à
toi je n'ar-ri-vai point vier-ge Ah! mon a-me je m'en dou-
tais Je m'en dou-tais je m'en dou-tais.

LES PAUVRES AMOURS.

Air : *Jupiter un jour en fureur.*

Allegretto.
N° 250.
Trois dou-zai-nes de Cu-pi-dons Qu'une actri-
ce a mis sur la pail-le Hi-er mendiaient et la mar-
mail-le Les pour-sui-vait de gais lar-dons Chez Li-se ils

frap-pent d'un air tris - te Li - se ré - pond nous som - mes
sourds Quoi vi - - vrez - vous donc tou - jours Vieux pe-
tits culs nus d'A-mours Al - lez Dieu vous as - -
sis - - te Al - lez Dieu vous as - - sis - - te.

A M. GOHIER.

Air des Chevilles de Maître Adam.

Allegretto.
N° 231.
Oui je dor- mais sur un pe-tit vo - lume qui
me vau - dra d'ê-tre enco-re é-tril - lé Lors-qu'en flatteur le bout de vo - tre plu-me Me cha - touil - lant m'a
soudain ré-veil - lé Je me suis dit c'est pré - sa - ge cé-
les - te Les mau-vais jours seraient-ils donc passés Car je ne
sais si quelque fouet nous res-te Mais jus - qu'i - ci c'est

nous qu'on a fes-sés Car je ne sais si quelque fouet nous
res-te Mais jus - qu'i - ci c'est nous qu'on a fes - sés.

LE SACRE DE CHARLES-LE-SIMPLE.

Air du beau Tristan (de M. Amédée de Beauplan).

N° 232.
Allegretto.
Français que Reims a ré - u - nis Cri-ez Montjoie
et Saint-De - nis On a re - fait la sainte am-pou-
le Et comme au temps de nos a - ïeux Des pas - se-
reaux là - chés en fou - - - - le Dans l'é - gli - se
vo - lent jo - yeux D'un joug bri - sé ces vains pré-
sa - - - - ges Font sou - ri - re sa ma-jes - té.
Le peu-ple s'é - crie oi-seaux plus que nous so - yez
sa - ges Gardez bien gardez bien vo-tre li-ber-

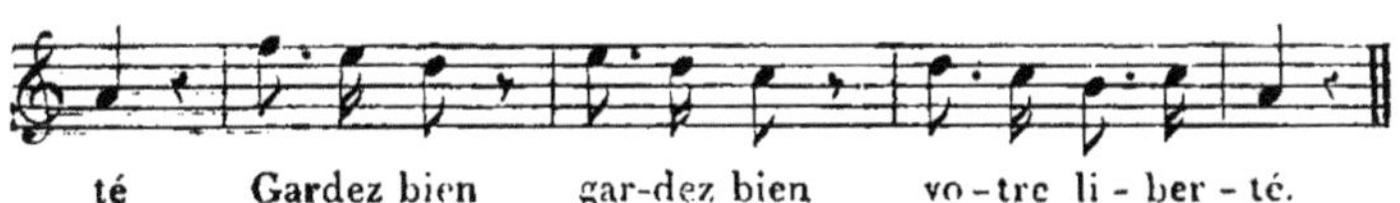
té Gardez bien gar-dez bien vo-tre li-ber-té.

LE CONVOI DE DAVID.

Air de Roland (Musique de Méhul).

Andante.
N° 233.
Non non vous ne pas-se-rez pas Crie
un sol-dat sur la fron-tiè-re A ceux qui de Da-vid hé-
las Rap-por-taient chez nous la pous-siè-re Sol-dat di-
sent-ils dans leur deuil Pros-crit-on aus-si sa mé-
moi-re Quoi vous re-pous-sez son cer-cueil Et vous
hé-ri-tez de sa gloi-re! Fût-il pri - - - vé de tous les
biens Eût-il à trem-bler sous un maî-tre Heu-reux qui
meurt par-mi les siens Aux bords sa-crés Aux bords sa-
crés qui l'ont vu naî-tre Qui l'ont vu naî-tre.

MÊME CHANSON

Musique de Choron sur le même timbre

Allegretto.
N° 233 bis.
Non non vous ne pas-se-rez pas Cri-e un sol-dat
sur la fron-tiè - - re A ceux qui de Da-vid hé-
las Rap-portaient chez nous la pous-siè - - re Sol-dat di-
sent-ils dans leur deuil Pros-crit-on aus-si sa mé-
moi-re Quoi vous re-pous-sez son cer-cueil Et vous hé-
ri-tez de sa gloi - - - re! Fût-il pri-vé de tous les
biens Eût-il à trembler sous un maî - tre Heureux qui
meurt par-mi les siens Aux bords sa-crés qui l'ont vu
naî - - tre Aux bords sa-crés qui l'ont vu naî - - tre.

LES INFINIMENT PETITS.

Air : *Ainsi jadis un grand prophète.*

Allegretto.
N° 234.
J'ai foi dans la sor-cel - le - ri - e Or un
grand sorcier l'au - tre soir M'a fait voir de no-tre pa-
tri - e Tout l'a - ve - nir dans un mi - roir Quelle i-
ma-ge dé - ses - pé-ran-te Je vois Pa - ris et ses faubourgs Nous som-mes en dix - neuf - cent tren - te Et les
bar-bons rè - gnent tou - jours.

LE CHASSEUR ET LA LAITIÈRE.

Air : *Je ne vous vois jamais, rêveuse* (de ma Tante Aurore).

N° 235.
L'alou-ette à peine éveil-lé-e Chante l'aurore d'un beau
jour Suis le chasseur sous la feuil-lé - e Lai-tière il par-le - ra d'a-
mour Dans la ro - sé - e al-lons ma chè - re Cueil-

lir pour toi fleurs du printemps Non beau chas-seur je crains ma
mè-re Je ne veux pas per-dre mon temps Je ne veux
pas per - dre mon temps Je ne veux pas per - dre mon
temps Non beau chasseur je crains ma mè-re Je ne veux
pas per-dre mon temps Non non non non je ne veux
pas per - dre mon temps Je ne veux pas Je ne veux
pas per - - dre mon temps Non je ne veux
pas Non je ne veux pas Non per-dre mon temps.

BONSOIR.

Air de la République

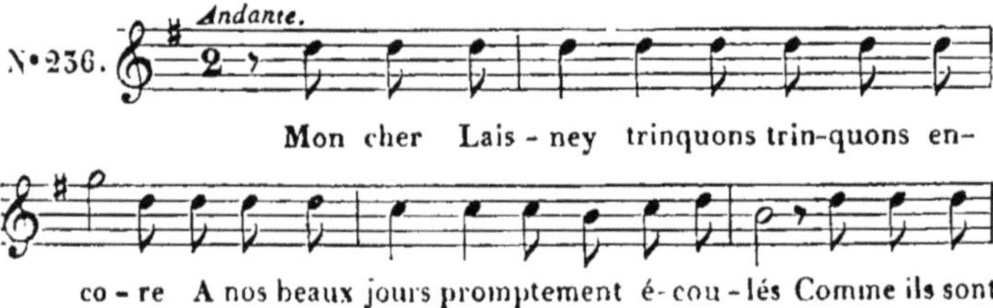
Andante.
N°236.
Mon cher Lais-ney trinquons trin-quons en-
co-re A nos beaux jours promptement é-cou-lés Comme ils sont

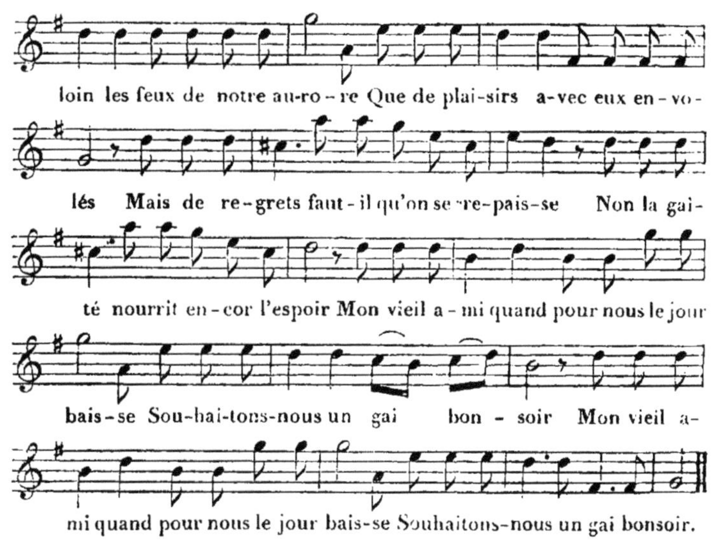
loin les feux de notre au-ro-re Que de plai-sirs a-vec eux en-vo-
lés Mais de re-grets faut-il qu'on se re-pais-se Non la gai-
té nourrit en-cor l'espoir Mon vieil a-mi quand pour nous le jour
bais-se Sou-hai-tons-nous un gai bon-soir Mon vieil a-
mi quand pour nous le jour bais-se Souhaitons-nous un gai bonsoir.

LES MISSIONNAIRES DE MONT-ROUGE.

Air : *Allez vous-en, gens de la noce.*

Allegro.
N° 237.
A-ve Ma-ri-a ma voi-si-ne Que le ciel
dai-gne vous tou-cher Mont-Rouge où l'Es-prit saint do-
mi-ne M'envoie i-ci pour vous prêcher On e-xalte en vain vo-tre
gra-ce Vo-tre gai-té vos heureux goûts Glous glous glous
glous Glous glous glous glous Re-con-nais-sez la voix d'I-

gna - ce Pleu - rez et con - ver - tis - sez-vous.

COUPLETS

SUR LA JOURNÉE DE WATERLOO.

Air : *Muse des bois et des accords champêtres.*

De vieux sol-dats m'ont dit Grace à ta mu - se

Le peuple en-fin a des chants pour sa voix Ris du lau-

rier qu'un par - ti te re - fu - se Con-sacre en-cor des vers

à nos ex-ploits Chante ce jour qu'invoquaient des per - fi-des

Ce dernier jour de gloire et de re - vers J'ai ré-pon-du baissant

des yeux hu - mi - des Son nom ja - mais n'at-tris - te - ra mes

vers Son nom ja - mais n'at-tris - te - - ra mes vers.

COUPLET

ÉCRIT SUR L'ALBUM DE MADAME AMÉDÉE DE V...

Air du Carnaval.

Que bien longtemps cet album vous re-di-seQu'un chanson-

nier ten-dre mais dé-jà vieux Trouvant en vous bon-té gra-ce fran-
chi-se Fut un mo-ment la du-pe de vos yeux Quoi par a-
mour non il n'y doit plus croire Mais las il prit par vous trop bien flat-
té Pour un sou-ri-re de la gloi-re Le sou-
ri-re de la beau-té Le sou-ri-re de la beau-
té Pour un sou-ri-re de la gloi-re Le sou-
ri-re de la beau-té Le sou-ri-re de la beauté.

ORAISON FUNÈBRE DE TURLUPIN.

Air : *C'est à boire, à boire, à boire.*

Allegro.
N° 240.
Il meurt et la joie ex-pi-re Il meurt
lui qui si sou-vent Nous a fait mou-rir de ri-re A son
thé-â-tre en plein vent Il nous char-mait à tou-

te heure Ah! Soit en Gil-les soit en Sca-pin Que l'on
pleu-re pleu-re pleu-re Au con-voi de Tur-lu-pin.

MÊME CHANSON.

Air du Comte Ory (de Doche.)

N° 240 *bis*.

Il meurt et la joie ex-pi---re Il
meurt lui qui si sou-vent Nous a fait mou-rir de
ri---re A son thé-â-tre en plein vent A
son thé-â-tre en plein vent Il nous charmait à toute heu-re Soit en Gil-les soit en Sca-pin Soit en Gil-
les Soit en Sca-pin Que l'on pleu-re pleu-re pleu-
re Au con-voi de Tur-lu-pin Que l'on pleure pleure
pleu--re Au con-voi de Tur-lu-

pin Au con - voi de Tur - lu - pin.

A MADEMOISELLE ****.

Air : *Muse des bois et des accords champêtres.*

N° 241.

Andante legato.
Ac-cueil-lez - les ces chan - sons où ma mu - se
Vous peint l'a-mour tout prêt à m'é-chap-per Van - te la
gloire ombre qui nous a - bu - se Qu'un jour pro-duit qu'un jour
peut dis - si - per L'un est pour vous un Dieu sans im - por-
tan - ce L'au - tre sé - duit vo-tre es-prit ha - sar - deux
Quant à l'a-mour moi je soutiens Hor-ten - se Qu'il est en-
cor le moins trom-peur des deux Qu'il est en-
cor le moins trom - peur des deux.

LES DEUX GRENADIERS.

Air : *Guide mes pas, ô Providence* (des Deux Journées).

Andante.
N° 242.
A no-tre poste on nous ou - bli - e Richard mi-
nuit sonne au châ-teau Nous al-lons re-voir l'I - ta - li - e
De-main adieu Fon-tai-ne-bleau Par le ciel que j'en remer-
ci - e L'î - le d'El-be est un beau cli - mat Fût - elle
au fond de la Rus - si - - - - - e Vieux gre-na-diers suivons
un vieux sol-dat Vieux grena-diers sui-vons un vieux soldat Suivons
un vieux soldat Suivons un vieux soldat Suivons un vieux soldat.

LE PÉLERINAGE DE LISETTE.

Air : *Babababalancez-vous donc.*

Allegretto.
N° 243.
A No-tre-Da-me de Li - es - se Al-lons me
dit Li - sette un jour J'ai peu de foi je le con - fes-se

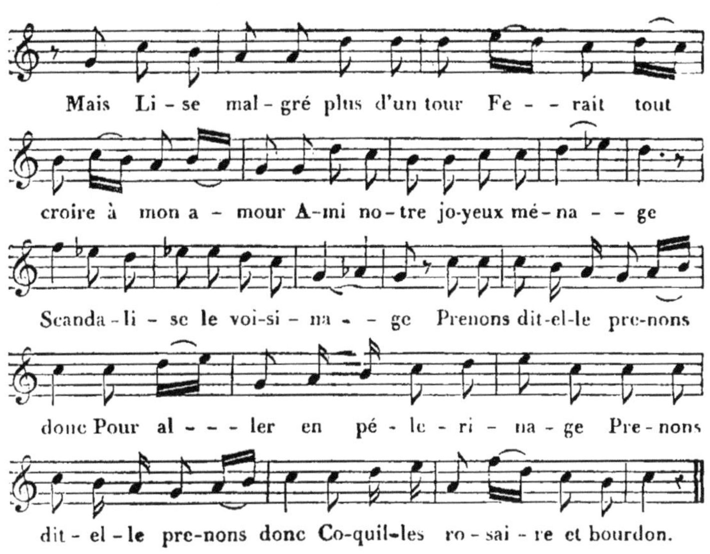
Mais Li - se mal - gré plus d'un tour Fe - - rait tout
croire à mon a - mour A-mi no-tre jo-yeux mé-na - - ge
Scanda - li - se le voi-si - na - - ge Prenons dit-el-le pre-nons
donc Pour al - - - ler en pé - le - ri - na - ge Pre - nons
dit - el - le pre-nons donc Co-quil-les ro - sai - re et bourdon.

MÊME CHANSON,

Musique de Doche.

N° 243 bis.
A No-tre-Da-me de Li - es-se Allons me
dit Li - set - te un jour J'ai peu de foi je le con-
fes - se Mais Li - se mal-gré plus d'un tour Fe - rait tout
croi-re à mon a-mour A - mi no - tre jo - yeux mé-
na - ge Scan-da - li - se le voi - si - na-ge Prenons dit-

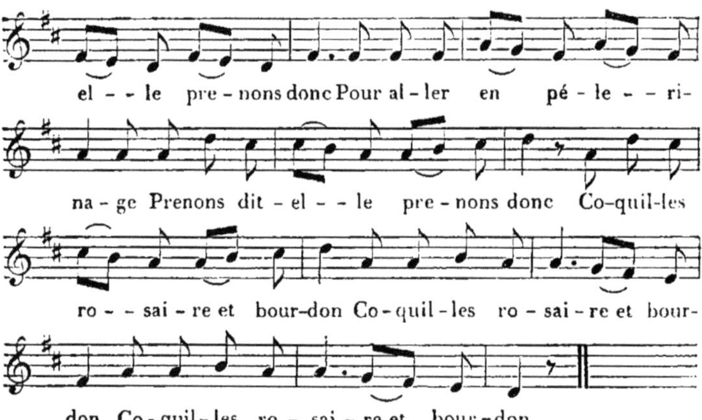
el - - le pre - nons donc Pour al - ler en pé - le - - ri-
na - ge Prenons dit - el - - le pre - nons donc Co-quil-les
ro - - sai - re et bour-don Co - quil - les ro - sai - re et bour-
don Co - quil - les ro - sai - re et bour - don.

ENCORE DES AMOURS.

Air de Léonide.

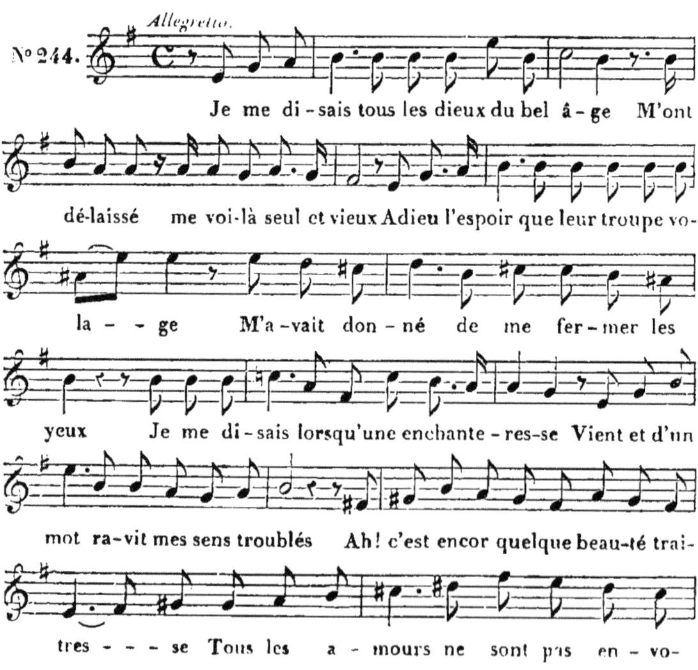
Allegretto.
N° 244.
Je me di - sais tous les dieux du bel â - ge M'ont
dé-laissé me voi-là seul et vieux Adieu l'espoir que leur troupe vo-
la - - ge M'a - vait don - né de me fer - mer les
yeux Je me di - sais lorsqu'une enchante - res-se Vient et d'un
mot ra-vit mes sens troublés Ah! c'est encor quelque beau-té trai-
tres - - - se Tous les a - mours ne sont pas en - vo-

lés Tous les a - mours ne sont pas en - vo - lés.

LA MORT DU DIABLE.

Air de Ninon chez madame de Sévigné.

Allegretto.
N° 245.
Du mi-ra-cle que je re-tra - - - - - - - -
ce Dans ce ré - cit des plus suc - cincts - - Ren-dez gloi-
re au grand saint I - gna - - - - - - - - - - - - ce Pa-tron de
tous nos pe-tits saints Par un tour qui se-rait in-
fa - - me Si les saints pou vaient a - voir tort Au
dia-ble il a fait ren-dre l'a - - - - - - me Au
diable il a fait ren-dre l'a - - - me Le diable est mort
le diable est mort Au diable il a fait ren-dre
l'a - - - - - - - - - - - me Le diable est mort le diable est

mort Le dia-ble est mort le dia-ble est mort.

LE PRISONNIER DE GUERRE.

Air : *Chante, chante, troubadour, chante* (de Romagnési).

Grazioso.
N° 246.
Ma-rie en-fin quit-te l'ou-vra-ge Voi-ci
l'é-toi-le du ber-ger Ma mè-re un en-fant du vil-
la-ge Lan-guit cap--tif chez l'é-tran-ger Pris sur mer
loin de sa pa--tri-e Il s'est ren-du mais
le der-nier. Fi-le fi--le pau-vre Ma-
ri-e Pour se-cou-rir le pri-son-nier Fi-le fi-le
pau-vre Ma-ri-e Fi-le fi-le pour le pri-son-nier.

LE PAPE MUSULMAN.

Air : *Eh! ma mère, est-ce que j' sais ça.*

Allegro.
N° 247.
Ja-dis vo--ya-geant pour Ro-me Un pa-

pe né sous le froc Pris sur mer fut le pau-
vre homme Me - - né cap - tif à Ma - roc D'a - bord
il tem-pê - te il sa - cre Re - ni - ant Dieu bel et bien Saint-Pè-
re lui dit son dia - cre Vous vous dam - nez comme un
chien Vous vous dam - nez comme un chien.

LE DAUPHIN.

Air du Carnaval (de Meissonnier).

Allegretto.
Nº 248.
Du bon vieux temps souffrez que je vous parle Jadis Ri-
chard trouba-dour re-nom-mé Eut pour roi Jean Louis Phi-lippe ou
Char-le Ne sais le-quel mais il en fut ai - mé D'un gros dau-
phin on fê-tait la nais-san-ce Richard à Blois é-tait de - puis un
jour Il ap - prit là le bon - heur de la

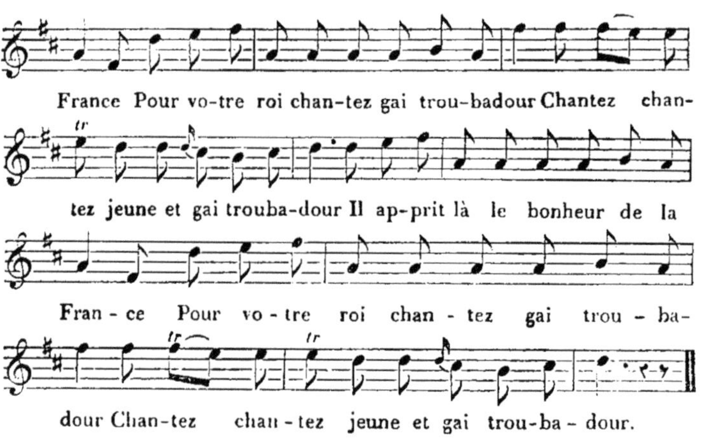
France Pour vo-tre roi chan-tez gai trou-badour Chantez chan-
tez jeune et gai trouba-dour Il ap-prit là le bonheur de la
Fran - ce Pour vo - tre roi chan - tez gai trou - ba-
dour Chan-tez chan - tez jeune et gai trou-ba - dour.

LE PETIT HOMME ROUGE.

Air : *C'est le gros Thomas.*

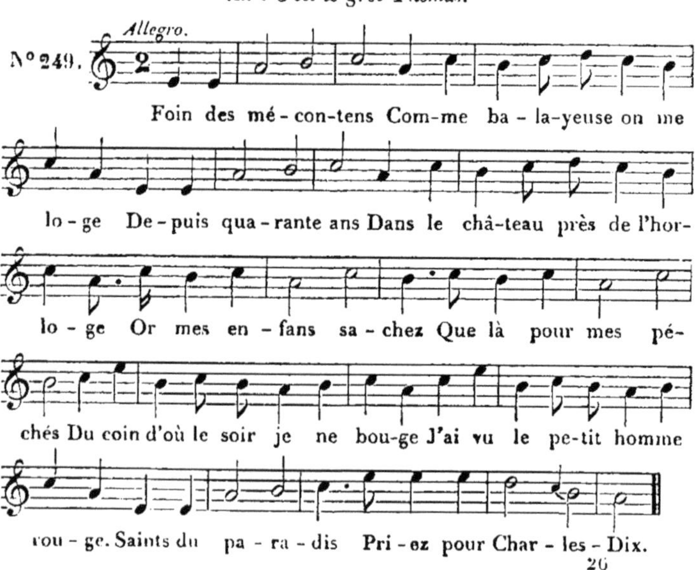
N° 249.
Allegro.
Foin des mé - con-tens Com-me ba - la-yeuse on me
lo - ge De - puis qua - rante ans Dans le châ-teau près de l'hor-
lo - ge Or mes en - fans sa - chez Que là pour mes pé-
chés Du coin d'où le soir je ne bou-ge J'ai vu le pe-tit homme
rou - ge. Saints du pa - ra - dis Pri - ez pour Char - les - Dix.

LE MARIAGE DU PAPE.

Air du Méléagre champenois.

Allegretto.
N° 250.
Vi-te en carros-se Vi-te à la no-ce Juif ou chré-
tien tout le monde est pri-é Vite en car-ros-se Vi-te à la
no-ce Al-le-lui-a! le Pape est ma-ri-é.
fin.
Ain-si chan-
tait un fou que je crois sa-ge Si-non qu'en pape il s'é-ri-geait un
jour Di-sant cor-bleu tâ-tons du ma-ri-a-ge Pour le cler-
gé sanc-ti-fi-ons l'a-mour.

LES BOHÉMIENS.

Air : *Mon père m'a donné un mari.*

Allegro.
N° 251.
Sor-ciers ba-te-leurs ou fi-lous Reste im-
mon-de D'un an-cien mon-de Sor-ciers ba-te-leurs ou fi-
lous Gais Bo-hé-miens d'où ve-nez-vous?
fin.
D'où nous ve-

nons l'on n'en sait rien L'hi-ron-del-le D'où vous vient-
el-le D'où nous ve-nons l'on n'en sait rien Où nous i-
rons le sait-on bien Où nous i-rons le sait-on bien?

LES SOUVENIRS DU PEUPLE.

Air : *Passez votre chemin, beau sire.*

Andante.
No 252.
On par-le-ra de sa gloi-re Sous le
chau-me bien long-temps L'humble toit dans cinquante
ans Ne con-nai-tra plus d'autre histoi-re Là viendront les vil-la-
geois Dire a-lors à quelque vieil-le Par des ré-cits d'au-tre-
fois Mère abré-gez no-tre veil-le Bien dit-on qu'il nous ait
nui Le peuple encor le ré-vè-re Oui le ré-
vè-re Par-lez-nous de lui Par-lez-nous de lui grand'mè-

re Par-lez-nous de lui Par-lez-nous de lui.

MÊME CHANSON,

Air connu.

Allegretto.
N° 252 bis.
On par-le-ra de sa gloi-re Sous le
chaume bien long-temps L'humble toit dans cinquante ans ne con-nai-
tra plus d'au-tre his-toi-re Là vien-dront les vil-la-
geois Di-re a-lors à quel-que vieil-le Par des ré-cits d'autrefois Mè-re a-bré-gez no-tre veil---le Bien dit-
on qu'il nous ait nui Le peu-ple encor le ré-
vè-re Oui le ré-vè-re Par-lez-nous de lui grand'-
mè-re Grand'-mè-re par-lez-nous de lui Par-lez-
nous de lui grand'mè-re Grand'mè-re par-lez-nous de lui.

LES NÈGRES ET LES MARIONNETTES.

Air : *Pégase est un cheval qui porte.*

Allegro.
N° 253.
Sur son na - vire un ca - pi - tai - - ne Trans-
por - tait des noirs au mar - ché L'en-nui les tu - ait par ving-
tai - - ne Pes - te dit - il quel dé - bou - ché Fi
que c'est laid sots que vous ê - - tes Mais j'ai de quoi vous gué-rir
tous Ve - nez voir mes ma - ri - on - net - tes Bons
es-cla-ves a - mu - sez - vous Ve - nez voir mes ma - ri - on-
net - tes Bons es - cla-ves a - mu - sez - - vous.

L'ANGE GARDIEN.

Air : *Jadis un célèbre empereur.*

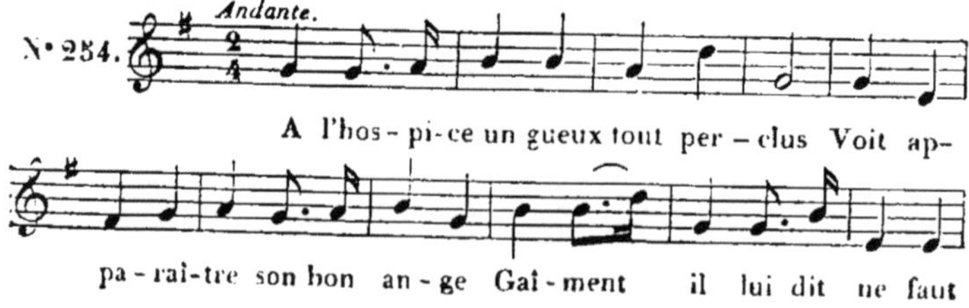
Andante.
N° 254.
A l'hos - pi-ce un gueux tout per - clus Voit ap-
pa - raî-tre son bon an - ge Gai - ment il lui dit ne faut

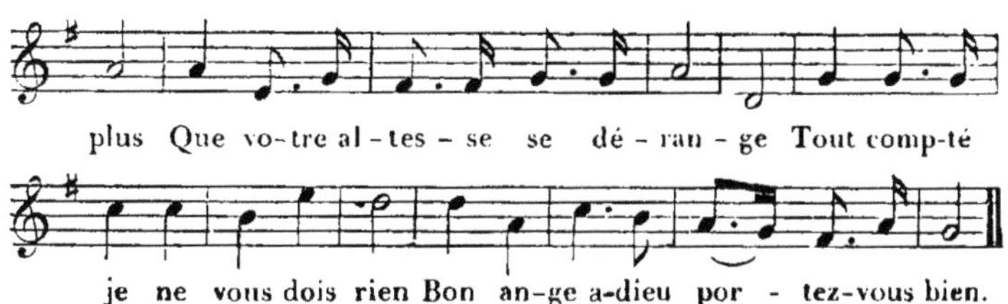
plus Que vo-tre al-tes-se se dé-ran-ge Tout comp-té
je ne vous dois rien Bon an-ge a-dieu por-tez-vous bien.

LA MOUCHE.

Air : *Je loge au quatrième étage.*

Allegretto.
N° 255.
Au bruit de no-tre gaî-té fol-le Au bruit des
ver-res des chan-sons Quel-le mou-che mur-mu-re et
vo-le Et re-vient quand nous la chas-sons Et re-vient
quand nous la chassons C'est quelque dieu je le soupçonne Qu'un peu de
bon-heur rend ja-loux Ne souffrons point qu'el-le bourdon-ne Qu'el-le bour-donne au-tour de nous Ne souf-frons
point qu'el-le bourdon-ne Qu'el-le bour-donne au-tour de nous.

LES LUTINS DE MONTLHÉRI.

Air : *Ce soir-là sous son ombrage.*

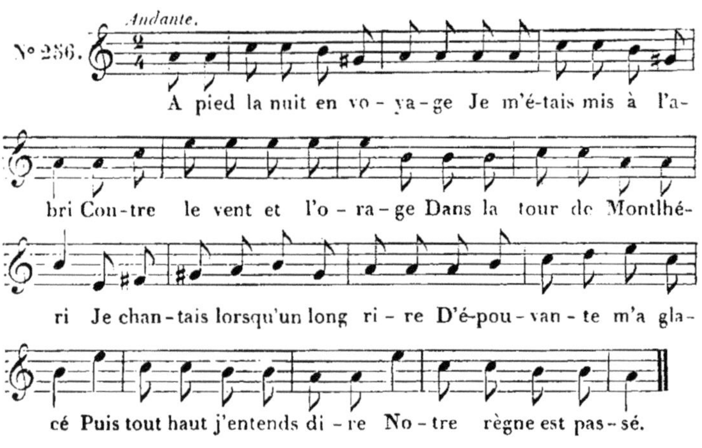
Andante.
N° 256.
A pied la nuit en vo - ya - ge Je m'é-tais mis à l'a-
bri Con-tre le vent et l'o - ra - ge Dans la tour de Montlhé-
ri Je chan - tais lorsqu'un long ri - re D'é-pou - van - te m'a gla-
cé Puis tout haut j'entends di - re No - tre règne est pas - sé.

LA COMÈTE DE 1832.

Air : *A soixante ans.*

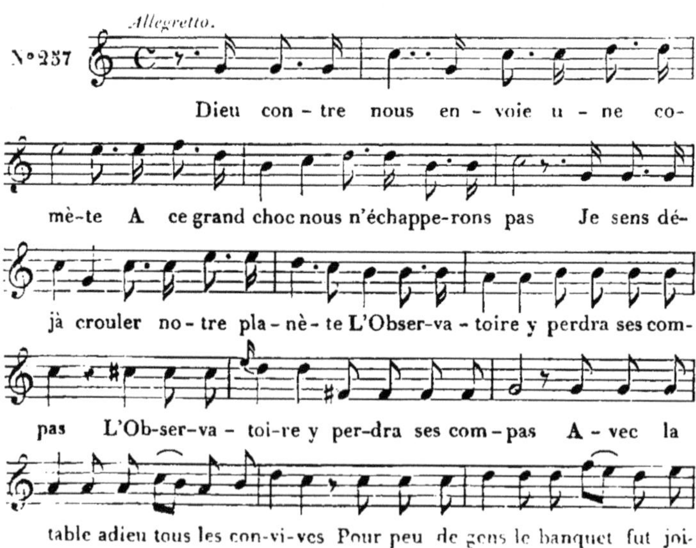
Allegretto.
N° 257
Dieu con - tre nous en - voie u - ne co-
mè-te A ce grand choc nous n'échappe-rons pas Je sens dé-
jà crouler no - tre pla - nè - te L'Obser-va - toire y perdra ses com-
pas L'Ob-ser-va - toi-re y per-dra ses com - pas A - vec la
table adieu tous les con-vi-ves Pour peu de gens le banquet fut joi-

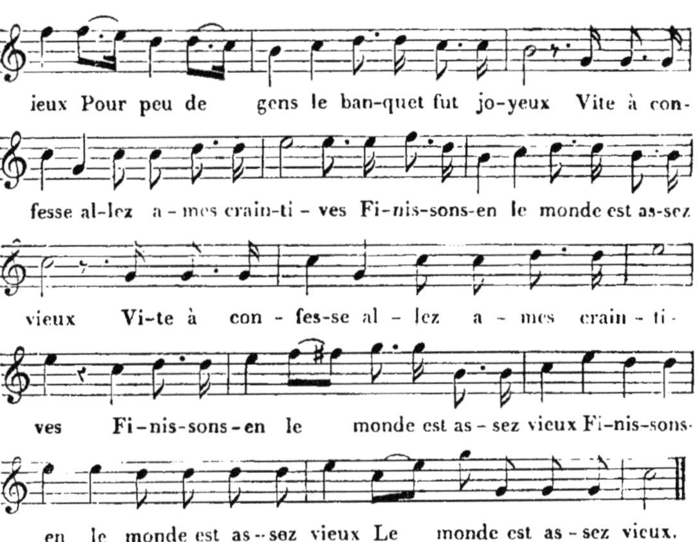
ieux Pour peu de gens le ban-quet fut jo-yeux Vite à con-
fesse al-lez a-mes crain-ti-ves Fi-nis-sons-en le monde est as-sez
vieux Vi-te à con-fes-se al-lez a-mes crain-ti-
ves Fi-nis-sons-en le monde est as-sez vieux Fi-nis-sons-
en le monde est as-sez vieux Le monde est as-sez vieux.

LE TOMBEAU DE MANUEL.

Air : *T'en souviens-tu.*

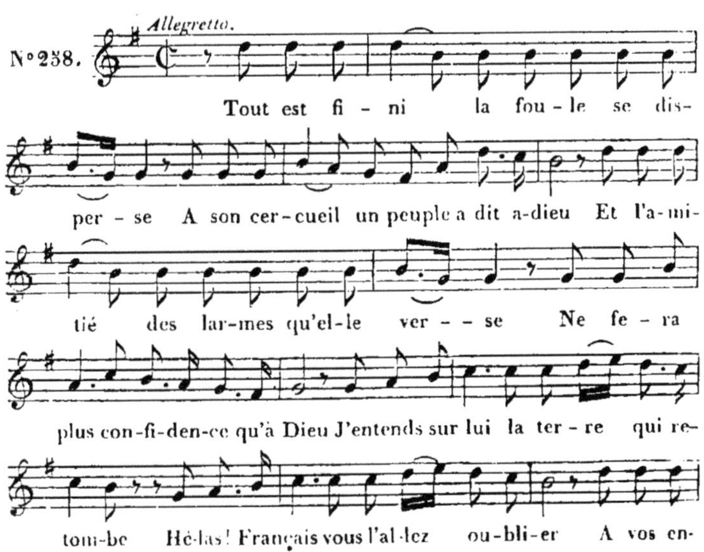
Allegretto.
N° 238.
Tout est fi-ni la fou-le se dis-
per-se A son cer-cueil un peuple a dit a-dieu Et l'a-mi-
tié des lar-mes qu'el-le ver-se Ne fe-ra
plus con-fi-den-ce qu'à Dieu J'entends sur lui la ter-re qui re-
tom-be Hé-las! Français vous l'al-lez ou-bli-er A vos en-

fans pour in - di-quer sa tom - - be Prê - tez se-
cours au pauvre chansonnier A vos en-fans pour in-diquer sa
tom - - be Prê - tez se - cours au pau - vre chan - son-
nier Prê - tez se - cours au pau - vre chan-son - nier.

LE FEU DU PRISONNIER.

Air du vaudeville de Préville et Taconnet.

N° 239.

Allegro.
Com-bien le feu tient dou - ce com-pa - gni - e
Au pri-son - nier dans les longs soirs d'hi-ver Seul a - vec
moi se chauffe un bon gé - ni - e Qui par - le haut rime
ou chante un vieux air Qui par - le haut rime ou chante un vieux
air Il me fait voir sur la brai-se a - ni - mé - e
Des bois des mers un monde en peu d'in-stans Des

bois des mers un monde en peu d'in - stans - - - - - - - - - -
Tout mon en - nui s'en - vo-le à la fu - mé - e O bon gé-
ni-e a - mu-sez-moi long-temps Tout mon en-nui s'en-vo-le à la fu-
mé - e O bon gé - ni - e a-mu - sez-moi long-temps.

MES JOURS GRAS DE 1829.

Air : *Dis-moi donc, mon petit Hippolyte.*

Allegretto.
N° 260.
Mon bon Roi Dieu vous tien - ne en
joi - - - e Bien qu'en but-te à vo - tre courroux Je pas-se en-cor gra - - ce à Bri-
doi - e Un car-na - val sous les ver - rous Un car - na-
val sous les ver - rous I - ci fal-lait-il que je
vins - se Per - dre des jours vrai-ment sa - crés J'ai

de la ran - cu - ne de prin-ce Mon bon Roi vous me le paî-
rez Mon bon Roi vous me le paî - rez.

LE 14 JUILLET.

Air : *A soixante ans il ne faut pas remettre.*

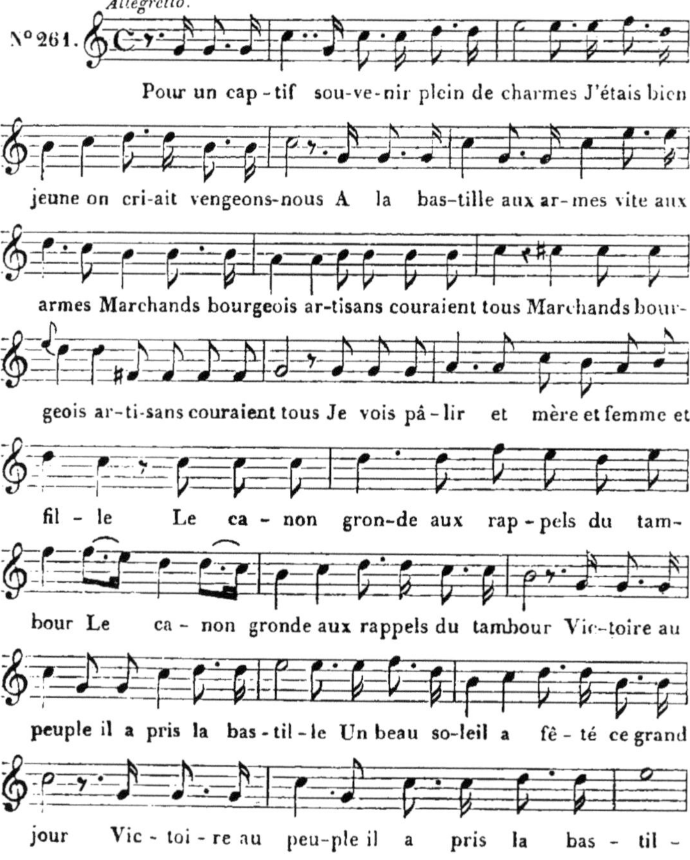
Allegretto.
N° 261.
Pour un cap - tif sou-ve-nir plein de charmes J'étais bien
jeune on cri-ait vengeons-nous A la bas-tille aux ar-mes vite aux
armes Marchands bourgeois ar-tisans couraient tous Marchands bourgeois ar-ti-sans couraient tous Je vois pâ - lir et mère et femme et
fil - le Le ca - non gron-de aux rap - pels du tam-
bour Le ca - non gronde aux rappels du tambour Vic-toire au
peuple il a pris la bas - til - le Un beau so-leil a fê - té ce grand
jour Vic - toi - re au peu-ple il a pris la bas - til -

le Un beau so-leil a fê-té ce grand jour A fê-té ce grand
jour A fê-té ce grand jour A fê-té ce grand jour.

PASSEZ, JEUNES FILLES.

Air de M. Ropicquet.

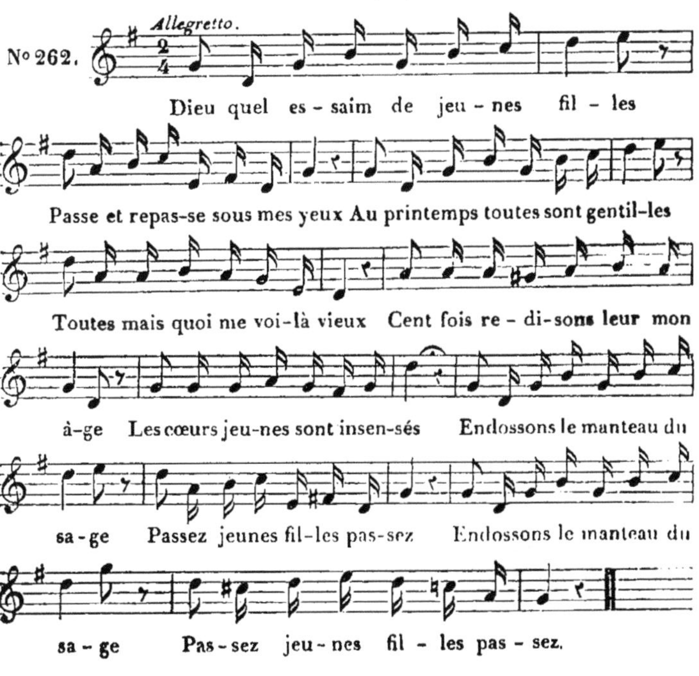
Allegretto.
N° 262.
Dieu quel es-saim de jeu-nes fil-les
Passe et repas-se sous mes yeux Au printemps toutes sont gentil-les
Toutes mais quoi me voi-là vieux Cent fois re-di-sons leur mon
â-ge Les cœurs jeu-nes sont insen-sés Endossons le manteau du
sa-ge Passez jeunes fil-les pas-sez Endossons le manteau du
sa-ge Pas-sez jeu-nes fil-les pas-sez.

LE CARDINAL ET LE CHANSONNIER.

Air : *Je vais bientôt quitter l'empire.*

Allegretto.
N° 263.
Quel beau mandement vous nous fai-tes Pré-lat il

me com-ble d'hon-neur Vous li-sez donc mes chan-son-
net-tes Ah! je vous y prends Mon-sei-gneur Ah! je vous
y prends Mon-sei-gneur En-tre deux vins sou-vent ma
mu-se Per-dit son ban-deau vir-gi-nal Per-dit son
ban-deau vir-gi-nal Pe-tit pé-ché si son i-vresse a-
mu--se Qu'en di-tes-vous mon-sieur le Car-di-
nal Qu'en di-tes-vous mon-sieur le Car-di-nal.

COUPLET.

Air : *C'est le meilleur homme du monde.*

N° 264.
Andante.
J'ai sui-vi plus d'en-ter-re-
mens Que de no-ces et de bap-tê--mes J'ai dis-trait
bien des cœurs ai-mans Des maux qu'ils ag-gravaient eux-mê-

mes Mon Dieu vous m'a-vez bien do - té Je n'ai ni
for - ce ni sa - - ges - - se Mais je pos - sè-de u-ne gai-
té Qui n'of-fen - se point la tris - tes - - - se Qui n'of-fen-
se point la tris - tes - - - - se.

MON TOMBEAU.

Air d'Aristippe.

Allegretto.
N° 265.
Moi bien por - tant quoi vous pen - sez d'a-
van-ce A m'é - ri - ger u - ne tombe à grands frais Sot - ti-se a-
mis point de fol-le dé-pen-se Lais - sez aux grands le faste des re-
grets A-vec le prix ou du marbre ou du cui - vre Pour un gueux
mort ha-bit cent fois trop beau Fai-tes a - chat d'un vin qui pousse à
vi - vre Bu - vous gai - ment l'ar - gent de mon tom-

beau Bu-vons gaî - ment l'ar-gent de mon tom-beau.

LES DIX MILLE FRANCS.

Air : *T'en souviens-tu.*

Allegretto.
N° 266.
Dix mil - le francs dix mil - le francs d'a-
men - de Dieu quel lo - yer pour neuf mois de prison Le pain est
cher et la mi - sè-re est gran - de Et pour long-
temps je dî-ne à la mai-son Cher pré - si-dent n'en peut-on rien ra-
bat-tre « Non non jeû-nez et vous et vos parens Pour fait d'ou-
tra - ge aux en-fans d'Hen-ri - Qua - - tre De par le
Roi pa-yez dix mil-le francs Pour fait d'outrage aux enfans d'Henri-
Qua - - tre De par le Roi pa - yez dix mil - le
francs De par le Roi pa - yez dix mil - le francs.

MÊME CHANSON,

Air du vaudeville de Préville et Taconnet.

Allegro.
N° 266 bis.
Dix mil - le francs dix mil - le francs d'a-men - de
Dieu quel lo - yer pour neuf mois de pri-son Le pain est
cher et la mi - sère et gran - de Et pour long-temps je
dî-ne à la mai-son Et pour long-temps je di-ne à la mai-
son Cher pré - si - dent n'en peut-on rien ra - bat - tre
« Non non jeu - nez et vous et vos pa - rens Non
non jeu - nez et vous et vos pa - rents
Pour fait d'ou-tra-ge aux en-fans d'Henri - Qua-tre De par le
Roi pa-yez dix mil-le francs Pour fait d'outrage aux enfans d'Henri-
Qua-tre De par le Roi pa - yez dix mil - le francs.

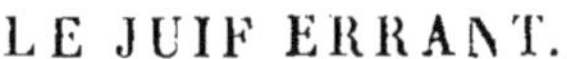

LE JUIF ERRANT.

Air du Chasseur rouge (de M. Amédée de Beauplan).

Allegretto.

N° 267.

Chré-tien au vo - ya - geur souf-frant Tends un

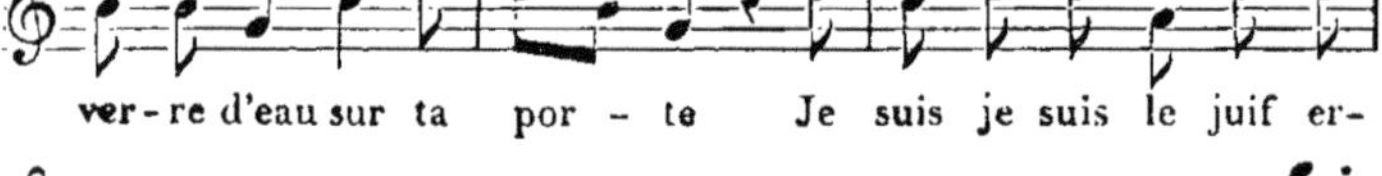

ver - re d'eau sur ta por - te Je suis je suis le juif er-

rant Qu'un tour-bil - lon tou-jours em - por - te Qu'un tour-bil-

lon toujours em-por - te Sans vieil-lir ac - ca - blé de jours La

fin du monde est mon seul rê-ve Chaque soir j'espè-re toujours Mais

toujours le so - leil se lè - ve Tou-jours tou - jours Toujours

tou - - - jours Tour - ne la ter - re où moi je cours Tou-

jours tou-jours Toujours tou - jours Tour - ne la ter - re où

moi je cours Tou-jours tou-jours tou-jours tou - jours.

COUPLET.

Air : *Trouverez-vous un parlement.*

N° 268.
No-tre siè - cle pen-seur bru - tal con-tre De-
lil-le s'é-ver - tu - e Tel vé - cut sur un piédes - tal Qui n'aura
ja - mais de sta - tu - - - - - - e Ar - tis - te
po - è - te sa - vant A la gloire en vain on s'at - ta - che
C'est un lin-ceul que trop sou - vent La pos - té -
ri - - - té nous ar - ra - - - - - - che.

LA FILLE DU PEUPLE.

Air d'Aristippe.

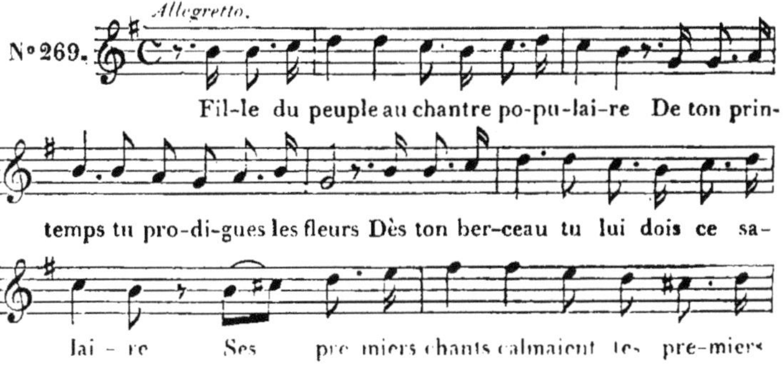
Allegretto.
N° 269.
Fil-le du peuple au chantre po-pu-lai-re De ton prin-
temps tu pro-di-gues les fleurs Dès ton ber-ceau tu lui dois ce sa-
lai - re Ses pre-miers chants calmaient tes pre-miers

pleurs Va ne crains pas que ba-ronne ou marqui - se Veuille à me
plaire u-ser ses beaux a-tours Ma muse et moi nous portons pour de-
vi - se Je suis du peuple ain-si que mes a-
mours Je suis du peuple ain-si que mes a-mours.

LE CORDON, S'IL VOUS PLAIT.

Air du vaudeville des Scythes et des Amazones.

Allegro.
N° 270.
Al-lons aux champs fê-ter Ma-ri-e Hâtons-nous
le plai-sir m'at-tend Le pied poudreux la main fleu-
ri-e Là-bas ar-ri-vons en chan-tant Là-bas ar-
ri-vons en chan-tant Gai vo-ya-geur j'ai mes pi-peaux à
preu-dre Pipeaux qu'un sourd a trai-té de sif-flet Por-tier ce
soir gardez vous de m'at-tendre Je veux sor-tir le cordon s'il vous

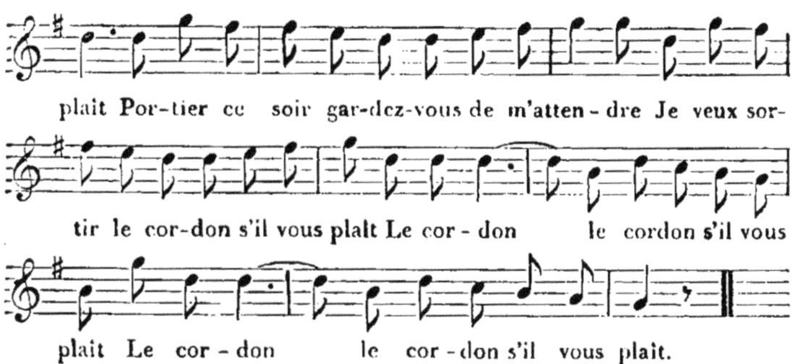
plait Por-tier ce soir gar-dez-vous de m'atten - dre Je veux sor-
tir le cor-don s'il vous plait Le cor - don le cordon s'il vous
plait Le cor - don le cor - don s'il vous plait.

DENYS, MAITRE D'ÉCOLE.

Air : *Je vais bientôt quitter l'empire.*

N° 271.
Allegretto.
De - nys chas-sé de Sy-ra - cu - se A Co-rin-
the se fait pé - dant Ce roi que tout un peuple ac-
cu - se Pauvre et dé-chu se con-so-le en grondant Pauvre et dé-
chu se console en grondant Mai - tre d'é - cole au moins il
pri-me Son bon plai-sir fait et dé-fait des lois Son bon plai-
sir fait et dé - fait des lois Il règne en-cor car il op-
pri - - me Ja - mais l'ex - il n'a cor - ri - gé les

rois Ja - mais l'ex - il n'a cor - ri - gé les rois.

LAIDEUR ET BEAUTÉ.

Air : *C'est à mon maître en l'art de plaire.*

Andante.
N° 272.
Sa trop gran-de beau-té m'ob-sè - de C'est un masque ai-sé - ment trom-peur Oui je voudrais qu'el-le fût
lai - de Mais lai - de lai-de à fai - - re peur Bel-le ain-si
faut - il que je l'ai-me Dieu reprends ce don é - - cla-
tant Je le de - man - de à l'en - - fer mê - - me
Qu'el-le soit laide et que je l'aime autant Je le de - man-de à
l'en - fer mê - me Qu'el-le soit laide et que je l'aime autant.

LE VIEUX CAPORAL.

Air de Ninon chez madame de Sévigné.

Allegretto.

N° 273.

En a - vant partez ca-ma - ra - - - - - - - -

des L'arme au bras le fu - sil char - gé J'ai ma pi-

pe et vos em - bras - sa - - - - - - - - - - - des Ve-nez me

don-ner mon con - gé J'eus tort de vieil-lir au ser-

vi - - - ce Mais pour vous tous jeu-nes sol - dats J'é-

tais un pè - re à l'e - xer - ci - - - - - - - ce

A l'e - xer - ci - - - - - ce Con-scrits au pas

Ne pleu-rez pas Ne pleu-rez pas Marchez au

pas Mar-chez au pas Au pas au pas au pas au

pas Au pas au pas Mar - chez au pas.

COUPLET AUX JEUNES GENS.

Air : *Un soir après mainte folie.*

N° 274.
Allegro.
Un jour as - sis sur le ri-

va - - ge Bé - nis-sant un ciel pur et doux Plai-
gnez les marins que l'o - ra - ge A fa - ti - gué de son courroux
N'ont-ils pas droit à quelque esti-me Ceux qui las d'un si long ef-
fort Près de s'en-glou-tir dans l'a - bi - - me Près
tr
tr
tr
de s'englou - tir dans l'a - bi - me Du doigt vous in - diquaient le
port Du doigt vous in - di - quaient le port.

LE BONHEUR.

Musique de M. B.......

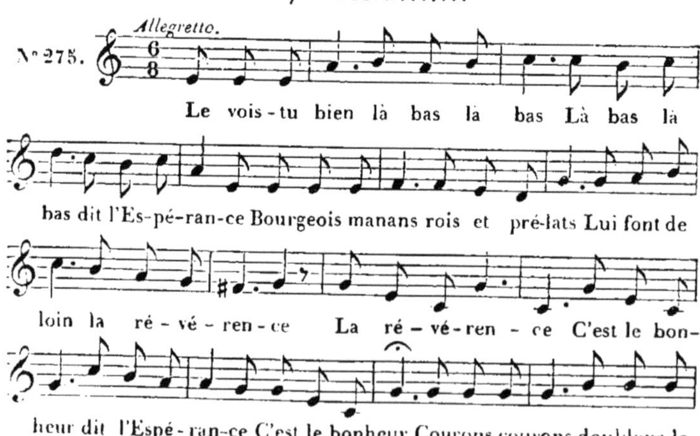
N° 275.
Allegretto.
6
8
Le vois - tu bien là bas là bas Là bas là
bas dit l'Es-pé-ran-ce Bourgeois manans rois et pré-lats Lui font de
loin la ré - vé - ren - ce La ré - vé - ren - ce C'est le bon-
heur dit l'Espé - ran-ce C'est le bonheur Courons courons doublons le

pas Pour le trou-ver là-bas, là-bas, Là-bas, là---bas.

COUPLET

Air : *J'ai vu le Parnasse des dames.*

N° 276.
Andante.
Pau-vres fous bat-tons la cam-pa-gne Que
nos gre-lots tin-tent sou-dain Com-me les beaux mu-lets d'Es-
pa-gne Nous mar-chons tous dre-lin din-din Des
er-reurs de l'hu-maine es-pè-ce Dieu veut que cha-cun ait son
lot Mê-me au man-teau de la Sa-ges-se La
Fo-lie at-tache un gre-lot La Fo-lie at-tache un gre-lot.

LES CINQ ÉTAGES.

Air : *Dans cette maison à quinze ans.*

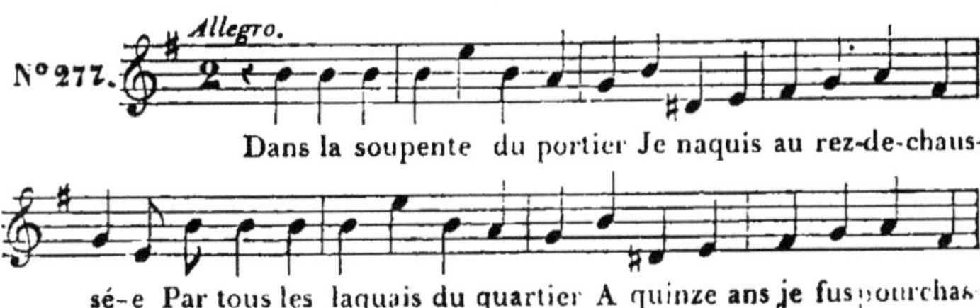
N° 277.
Allegro.
Dans la soupente du portier Je naquis au rez-de-chaus-
sé-e Par tous les laquais du quartier A quinze ans je fus pourchas

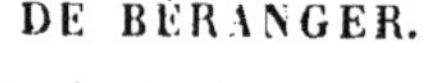

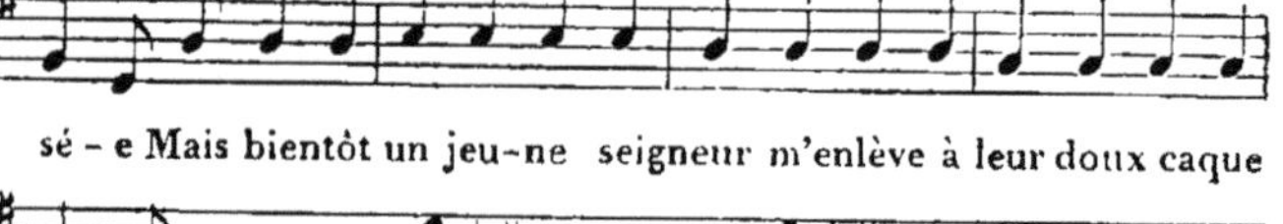
sé - e Mais bientôt un jeu-ne seigneur m'enlève à leur doux caque

ta - ge Ma ver - tu me vaut cet hon - neur Ma ver - tu

me vaut cet honneur Et je monte au premier é - ta - -

ge Et je monte au pre-mier é - ta - - - - ge.

MÊME CHANSON,

Air : *J'étais bon chasseur autrefois.*

N° 277 *bis.*

Moderato.
Dans la sou-pen-te du por-tier Je na-quis
au rez-de-chaus-sé - e Par tous les la-quais du quar-
tier A quinze ans je fus pour - chas - sé - - - e
Mais bien-tôt un jeu - ne seigneur M'enlè-ve à leur doux ca-que-
ta - ge Ma ver - tu me vaut cet hon-neur Ma ver - tu
me vaut cet honneur Et je monte au premier é - ta - - - ge.

L'ALCHIMISTE.

Air de la bonne Vieille.

Moderato.
N° 278.
Tu vas dis-tu vieux et pau-vre al-chi-mis-te
Ti-rer de l'or des mé-taux in-di-gens Et fai-sant
plus pour moi que l'â-ge at-tris--te Me ra-jeu-nir par
de se-crets a-gens J'ou-vre ma bour-se à ta sci-ence oc-
cul--te Mon cœur cré-du--le au grand œuvre a re-
cours Cha-cun pour-tant con-ser-ve-ra son cul--te
Tout l'or pour toi mais rends-moi mes beaux jours.

MÊME CHANSON,

Air d'Aristippe.

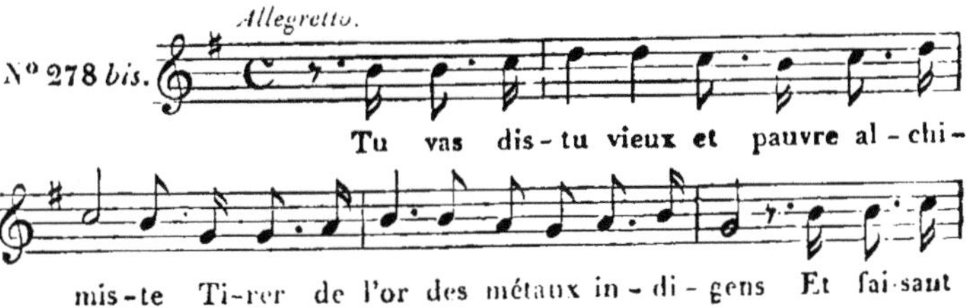
Allegretto.
N° 278 bis.
Tu vas dis-tu vieux et pauvre al-chi-
mis-te Ti-rer de l'or des métaux in-di-gens Et fai-sant

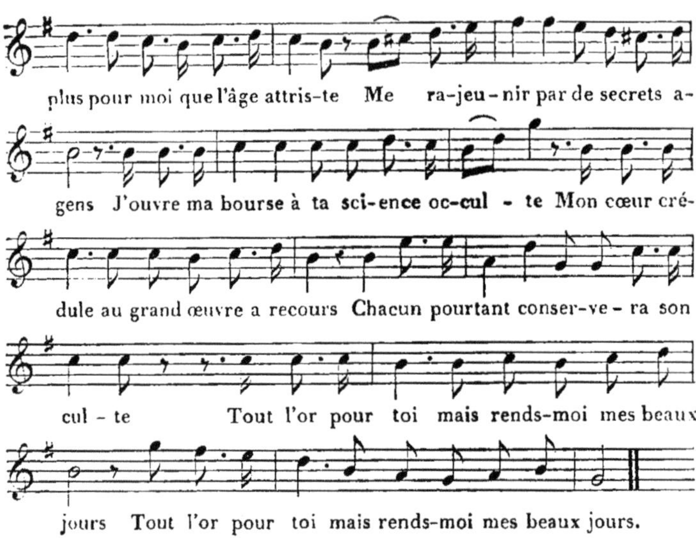
plus pour moi que l'âge attris-te Me ra-jeu-nir par de secrets a-
gens J'ouvre ma bourse à ta sci-ence oc-cul - te Mon cœur cré-
dule au grand œuvre a recours Chacun pourtant conser-ve - ra son
cul - te Tout l'or pour toi mais rends-moi mes beaux
jours Tout l'or pour toi mais rends-moi mes beaux jours.

CHANT FUNÉRAIRE

Air : *Échos des bois, errans dans ces vallons.*

Allegretto.
N°279.
Quoi sourd aux cris d'un long *Mi - - - - se - re-*
re Sous ce drap noir que j'as - per-ge en si-
len - ce Quoi ce cer - cueil de cier - ges en - tou-
ré C'est mon a - mi c'est mon a - mi d'en - fan-ce Ces-sez vos
chants prêtres c'est à ma voix De le bé - nir pour la der-niè-re

fois Ces - sez vos chants prê - tres c'est à ma
voix De le bé - nir pour la der - niè - re fois.

JEANNE-LA-ROUSSE.

Air : *Soir et matin sur la fougère.*

Andantino.
N° 280.
Un en - fant dort à sa ma - mel - le El - le en por -
te un au - tre à son dos L'aî - né qu'el - le traî - ne a - près
el - le Gè - - le pieds nus dans ses sa - bots Hé - las!
des gar - des qu'il courrou - ce Hé - las! des gar - des qu'il cour -
rou - ce Au loin le pè - re est pri - son - nier Dieu veil - lez
sur Jean - ne - la - Rous - se On a sur - pris le bra - con -
nier On a sur - - pris le bra - con - nier.

LES RELIQUES.

Air : *Donnez-vous la peine d'attendre.*

Allegro.
N°281.
D'un saint de pa-rois-se en cré-dit Seul un soir
je bai-sais la châs-se Vient un bon vieil-lard qui me
dit Veux-tu qu'il parle oh! oui de gra-ce Oui
dis-je et me voi-là bé-ant Voi-là qu'il fait des croix ma-
gi-ques Voi-là le saint sur son sé-ant Qui dit d'un
ton de mé-cré-ant «Dé-vots bai-sez donc mes re-
li-ques Dévots bai-sez donc mes re-li-ques.

LA NOSTALGIE.

Air de la petite Gouvernante.

Andante.
N°282.
Vous m'a-vez dit «A Pa-ris jeu-ne
pâ-tre Viens suis-nous cè-de à tes no-bles penchans Notre or nos

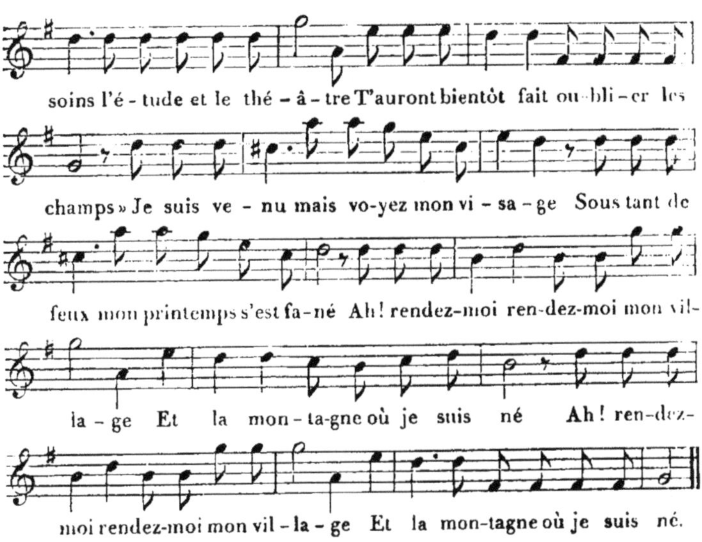
soins l'é - tude et le thé - â - tre T'auront bientôt fait ou-bli-er les
champs » Je suis ve - nu mais vo-yez mon vi - sa - ge Sous tant de
feux mon printemps s'est fa-né Ah! rendez-moi ren-dez-moi mon vil-
la - ge Et la mon - ta-gne où je suis né Ah! ren-dez-
moi rendez-moi mon vil - la - ge Et la mon-tagne où je suis né.

MA NOURRICE.

Air : *Dodo, l'enfant do.*

Moderato.
N° 283.
De sou-ve - nir en sou-ve - nir J'ai re-con-
struit mon é - di - fi - ce Je vais con - ter pour en fi-
nir Ce qu'on m'a dit de ma nour - ri - ce Au soir des
ans doit sembler doux Ce chant qui nous a ber-cés tous Dodo l'en-fant do L'en-fant dor - mi - - ra tan - tôt Do-

do l'en-fant do L'en-fant dor - mi - - ra tan - tôt.

LES CONTREBANDIERS.

Air : *Cette chaumière vaut un palais.*

Allegretto.
N° 284.
Malheur malheur aux commis A nous bonheur et ri-
ches-se Le peuple à nous s'inté -res-se Il est de nos a-
mis Oui le peuple est partout de nos a-mis Oui le peuple est partout de nos a - mis. Il est mi - nuit ça qu'on me
sui - ve Hom-mes pa - co - til-le et mu - lets Mar-
chons at - ten-tifs au qui vi - ve Ar-mons fu - sils et pis - to-
lets Les douaniers sont en nom - bre Mais le plomb n'est pas
cher Et l'on sait que dans l'ombre Nos bal - les verront clair.

A MES AMIS DEVENUS MINISTRES.

Air de la petite Gouvernante.

Andante.
N° 285.
Non mes a - mis non je ne veux rien
ê-tre Se-mez ail-leurs pla-ces ti - tres et croix Non pour les
cours Dieu ne m'a pas fait naître Oi-seau crain-tif je fuis la glu des
rois Que me faut-il mai-tresse à fi - ne tail-le Pe - tit re-
pas et jo-yeux en-tre-tien De mon berceau près de bé - nir la
paille En me cré-ant Dieu m'a dit ne sois rien De mon ber-
ceau près de bé-nir la paille En me cré-ant Dieu m'a dit ne sois rien.

MÊME CHANSON,

Musique de M. B........

Allegretto.
N° 285 *bis.*
Non mes a - mis non je ne veux rien ê-tre Semez ail-
leurs pla-ces ti - tres et croix Non pour les cours Dieu ne m'a pas fait

nai-tre Oi-seau crain-tif Je fuis la glu des
rois Que me faut-il maî-tres-se à fi--ne
tail-le Pe-tit re-pas et jo-yeux en-tre-tien De mon ber-
ceau près de bé-nir la pail-le En me cré-ant Dieu m'a dit ne sois
rien En me cré-ant Dieu m'a dit ne sois rien.

GOTTON.

Air des Cancans.

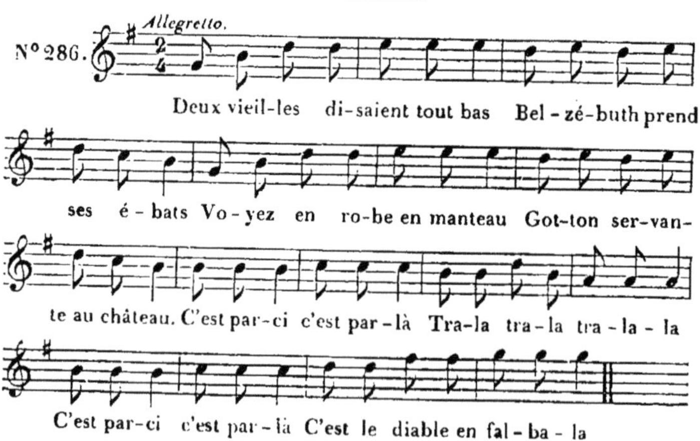
Allegretto.
N° 286.
Deux vieil-les di-saient tout bas Bel-zé-buth prend
ses é-bats Vo-yez en ro-be en manteau Got-ton ser-van-
te au château. C'est par-ci c'est par-là Tra-la tra-la tra-la-la
C'est par-ci c'est par-là C'est le diable en fal-ba-la

COLIBRI.

Air : *Garde à vous* (de la Fiancée).

Andantino.
N° 287.
Mes a - mis J'ai sou - mis L'en - fer à ma puis -
san - ce De son o - bé - is - san - ce J'ai pour ga - - - ge cer -
tain Un lu - tin Un lu - tin Un lu -
tin Sous for - me d'oi - seau - mou - che A mon che - vet il
cou - che Lu - tin doux et ché - ri Bai - sez - moi Co - li -
bri Co - li - - bri Co - li - - bri Co - li - bri !

ÉMILE DEBRAUX.

Air : *Dis-moi, soldat, t'en souviens-tu ?*

Allegretto.
N° 288.
Le pauvre É - mi - le a pas - sé comme une
om - bre Om - bre jo - yeu - se et chère aux bons vivans Ses gais re -
frains vous é - ga - lent en nom - bre Fleurs d'a - ca -

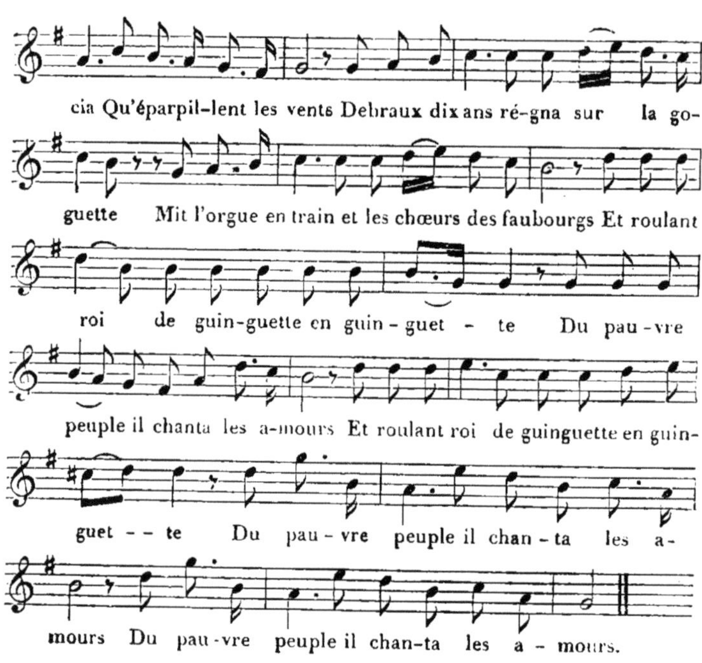
cia Qu'éparpil-lent les vents Debraux dix ans ré-gna sur la go-
guette Mit l'orgue en train et les chœurs des faubourgs Et roulant
roi de guin-guette en guin-guet - te Du pau-vre
peuple il chanta les a-mours Et roulant roi de guinguette en guin-
guet - - te Du pau-vre peuple il chan-ta les a-
mours Du pau-vre peuple il chan-ta les a - mours.

LE PROVERBE.

Air du Menage de garçon.

Allegretto.
N° 289.
É-pris ja-dis d'u-ne prin-ces-se A-lain vit
son cœur re - - je - té Simple é-cu - yer né sans no-
bles-se Comme un vi - lain il fut trai - té Comme un vi-
lain il fut trai - té La prin-ces-se a-vait u - ne

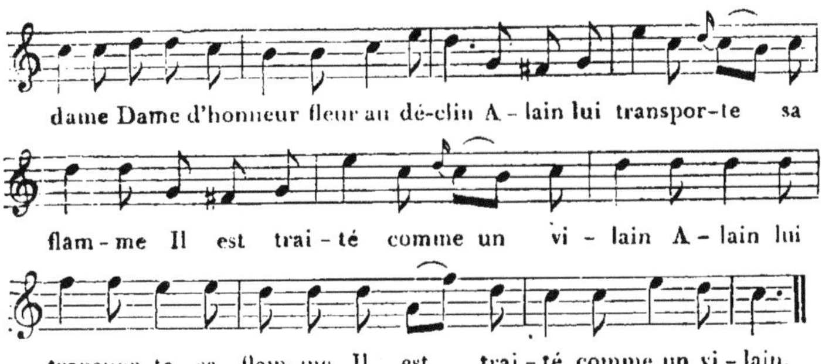
dame Dame d'honneur fleur au dé-clin A - lain lui transpor-te sa
flam - me Il est trai - té comme un vi - lain A - lain lui
transpor-te sa flam-me Il est trai - té comme un vi - lain.

LES FEUX FOLLETS.

Air : *Faut l'oublier, disait Colette.*

Allegretto.
N° 290.
O nuit d'é - té paix du vil - la - ge Ciel pur doux
par-fums frais ruis - seau Vous em - bel - lis - siez mon ber-
ceau Con - so - lez - moi dans un au - tre â - - ge Las
du mon-de i - ci je me plais Tout y re - tra - ce mon en-
fan-ce Oui tout jusqu'à ces feux fol-lets Ja - dis leur é-clat et leur
dan - se M'auraient fait fuir à pas pres-sés J'ai per-du ma douce igno-
ran - ce Fol - lets dan - sez dan - sez dan - sez

HATONS-NOUS.

Air : *Ah! si madame me voyait.*

Allegretto.
N° 291.
Ah! si j'é - tais jeune et vail - lant Vrai hus-
sard je courrais le mon-de Re-troussant ma mousta - che
blon-de Sous un u - ni - for-me bril-lant Le sabre au
poing et ba - tail-lant Va mon coursier vo-le en Po-
lo - - gne Ar - ra-chons un peuple au tré - pas Que
nos poltrons en aient ver-go - gne Hâtons-nous l'honneur est là-
bas Hâ - tons nous l'honneur est là - bas.

PONIATOWSKI.

Air des Trois Couleurs.

Allegretto.
N° 292.
Quoi vous fu - yez vous les vainqueurs du
mon-de De-vant Leipzig le sort s'est-il mé-pris Quoi vous fui-

iez et ce fleu-ve qui gron-de D'un pont qui sau-te em-
por-te les dé-bris Sol-dats che-vaux pê-le-mê-le et les
ar-mes Tout tom-be là l'Els-ter rou-le en-tra-vé
Il rou-le sourd aux vœux aux cris aux lar-mes
« Rien qu'u-ne main Rien qu'u-ne main Fran-çais je suis sau-vé »
Il rou-le sourd aux vœux aux cris aux lar-mes
« Rien qu'une main Rien qu'une main Fran-çais je suis sau-vé! »

L'ÉCRIVAIN PUBLIC.

Air de la petite Gouvernante.

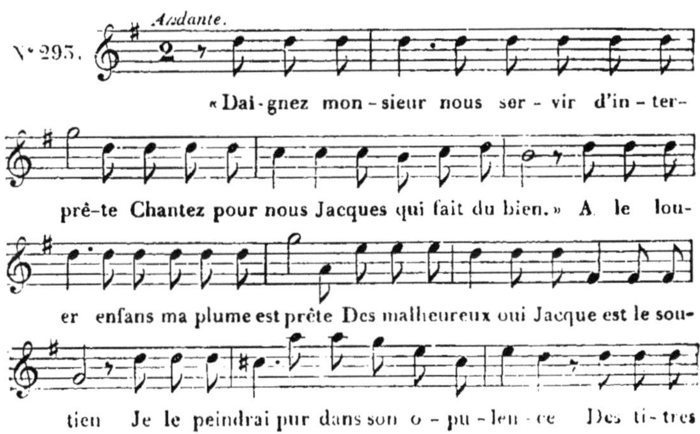
Andante.
N° 293.
« Dai-gnez mon-sieur nous ser-vir d'in-ter-
prê-te Chantez pour nous Jacques qui fait du bien. » A le lou-
er enfans ma plume est prête Des malheureux oui Jacque est le sou-
tien Je le peindrai pur dans son o-pu-len-ce Des ti-tres

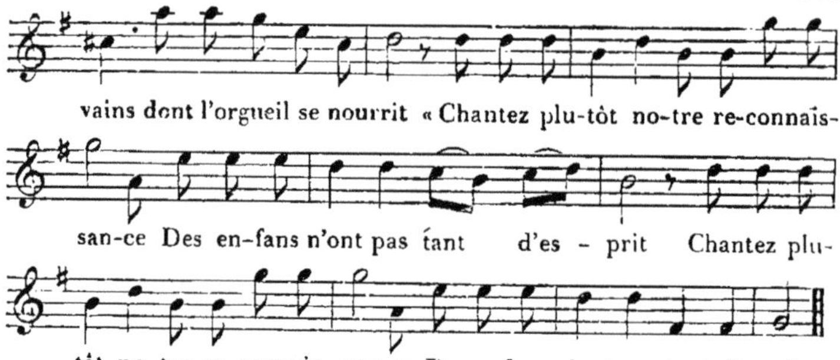
vains dont l'orgueil se nourrit « Chantez plu-tôt no-tre re-connais-
san-ce Des en-fans n'ont pas tant d'es - prit Chantez plu-
tôt no-tre re-connais - san-ce Des enfans n'ont pas tant d'esprit. »

A M. DE CHATEAUBRIAND.

Air des Comédiens.

Allegretto.
N° 294.
Chateaubriand pourquoi fuir ta pa-tri-e Fuir son a-
mour notre encens et nos soins N'entends-tu pas la Fran-ce qui s'é-
cri-e Mon beau ciel pleure une é-toi-le de moins. Où donc est-
il se dit la tendre mè-re Bat-tu des vents que Dieu seul fait chan-
ger Pauvre aujourd'hui comme le vieil Ho-mè-re Il frappe hé-
las! au seuil de l'é-tran-ger. Proscrit ja-dis la nais-sante Amé-
ri-que Nous le ren-dit a-près nos longs discords Ri-che de
gloi-re et Co-lomb po - é - ti - que D'un nou-veau

monde é-ta-lant les tré-sors. Le pé-le-rin de Grè-
ce et d'I--o--ni--e Chan-tant plus tard le
Cir--que et l'Al-ham-bra Nous re--vit tous dé-
vots à son gé-ni--e De-vant le Dieu que
sa voix cé-lé-bra. De son pa-ys qui lui doit tant de
ly-res Lors-que la sien-ne en pleu-rant s'e-xi-
la Il s'en-qué-rait aux dé-bris des em-pi-res Si des Fran-
çais n'a-vaient point pas-sé là. C'é-tait l'é-
po-que où fé-con-dant l'his-toi-re La gran-de é-
pée ef-froi des na-ti-ons Resplen-dis-sante aux so-leil de la
gloi-re En fit sur nous re-jail-lir les ra-yons. Ta voix ré-

sonne et soudain ma jeu-nes-se Brille à tes chants d'une no-ble rou-
geur J'offre aujourd'hui pour prix de mon i-vres-se Un peu d'eau
pure au pau-vre vo-ya-geur. Chateau-briand pourquoi fuir ta pa-
tri-e Fuir son a-mour notre encens et nos soins N'entends-tu
pas la France qui s'é-cri-e Mon beau ciel pleure une étoi-le de
moins. Des an-ciens rois quand re--vint la fa-
mil-le Lui de leur sceptre ap-pui re--li-gi-
eux Crut aux Bourbons fai-re a-dop-ter pour fil-le
La Li-ber-té qui se pas-se d'a-ïeux. Son é-lo-
quence à ces rois fit l'au-mô-ne Pro-di-gue fé-e en ces enchan-te-
mens Plus el-le voit de rouille à leur vieux trô-ne Plus el-le y

sème et fleurs et di - a-mans. Mais de nos droits il gar-dait la mé-
moi-re Les in - sen - sés di-rent le ciel est beau Chassons cet
hom- me et souf-flons sur sa gloi - re Comme au grand
jour on é-teint un flambeau. Et tu voudrais t'at-ta-cher à leur
chu-te Connais donc mieux leur fol-le va-ni - té Aux rangs des
maux qu'au ciel même il im-pu-te Leur cœur ingrat met ta fi-dé-li-
té. Va sers le peuple en butte à leurs bra-va-des Ce peuple humain des grands talens é-pris Qui t'emportait vainqueur aux bar-ri-
ca-des Comme un trophée entre ses bras meurtris. Ne sers que
lui pour lui ma voix te som - me D'un prompt retour a-près un tris - te a - dieu Sa cau - se est sainte il

souf - fre et tout grand hom - me Au - près du peuple est
l'en - vo - yé de Dieu. Cha-teau-briand pourquoi fuir ta pa-
tri - e Fuir son a - mour no-tre en-cens et nos
soins N'en-tends - tu pas la Fran - ce qui s'é-
cri - e Mon beau ciel pleu-re u-ne é - toi - le de moins.

CONSEIL AUX BELGES.

Air de la petite Gouvernante.

N° 295.
Andante.
Fi - nis - sez - en nos frè - res de Bel-
gi-que Fai-tes un roi morbleu! fi - nis-sez-en De-puis huit
mois vos airs de ré-pu-blique Donnent la fiè-vre à tout bon courti-
san D'un roi tou-jours la ma-tiè - re se trou-ve C'est Jean c'est
Paul c'est mon voi-sin c'est moi Tout œuf ro - yal é - clôt sans qu'on le

cou-ve Fai-tes un roi morbleu! fai-tes un roi Tout œuf ro-
yal é-clot sans qu'on le couve Fai-tes un roi morbleu! faites un roi.

LE REFUS.

Air : *Le premier du mois de janvier.*

Allegretto.
N° 296.
Un mi-nis-tre veut m'en-ri-chir Sans que l'hon-
neur ait à gau-chir Sans qu'au Mo-ni-teur on m'af-fi-che Mes
be-soins ne sont pas nombreux Mais quand je pense aux malheureux Je me sens né pour ê-tre ri-che.

LA RESTAURATION DE LA CHANSON.

Air : *J'arrive a pied de province.*

Allegro.
N° 297.
Oui chan-son Mu-se ma fil-le J'ai dé-cla-ré
net Qu'a-vec Charle et sa fa-mil-le On te dé-trô-
nait Mais cha-que loi qu'on nous don-ne Te rap-pel-le i-

ci Chanson reprends ta cou-ron-ne Messieurs grand mer-ci.

SOUVENIRS D'ENFANCE.

Air des Comédiens.

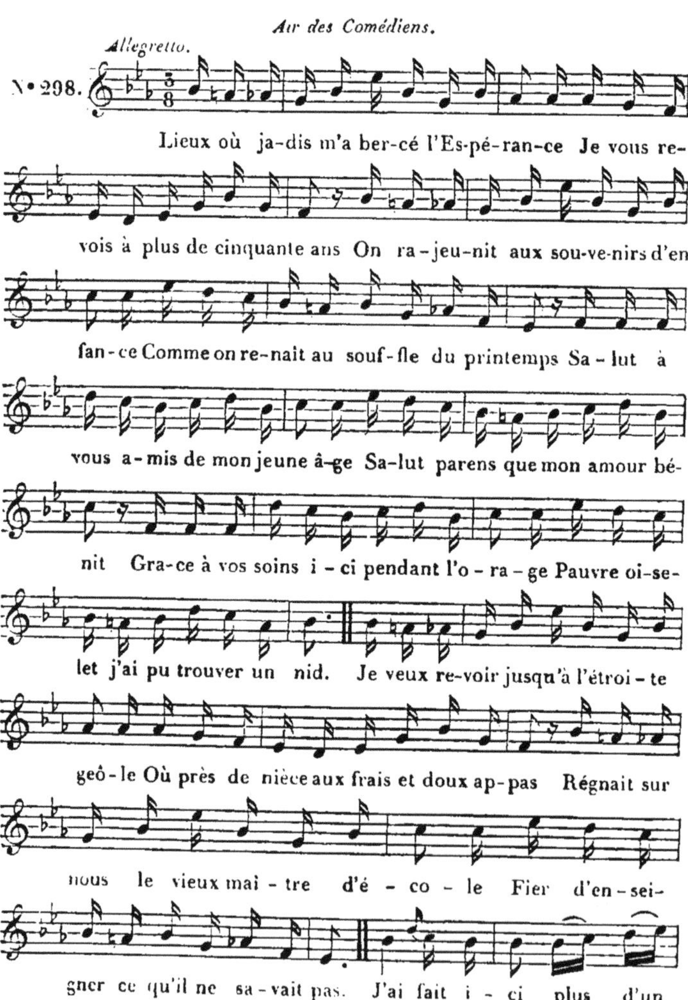
Allegretto.
N° 298.
Lieux où ja-dis m'a ber-cé l'Es-pé-ran-ce Je vous re-
vois à plus de cinquante ans On ra-jeu-nit aux sou-ve-nirs d'en-
fan-ce Comme on re-nait au souf-fle du printemps Sa-lut à
vous a-mis de mon jeune â-ge Sa-lut parens que mon amour bé-
nit Gra-ce à vos soins i-ci pendant l'o-ra-ge Pauvre oi-se-
let j'ai pu trouver un nid. Je veux re-voir jusqu'à l'étroi-te
geô-le Où près de nièce aux frais et doux ap-pas Régnait sur
nous le vieux maî-tre d'é-co-le Fier d'en-sei-
gner ce qu'il ne sa-vait pas. J'ai fait i-ci plus d'un

ap - - pren - tis - - - sa - - ge A la pa - res-se hé-
las! tou - jours en - clin Mais je me crus des
droits au nom de sa - - ge Lors-qu'on m'ap-prit le
mé - tier de Fran-klin. C'é-tait à l'âge où naît l'a-mi-tié
fran-che Sol que fleu - rit un ma - tin plein d'es-
poir Un ar-bre y croît dont souvent u - ne bran-che Nous sert d'ap-
pui pour mar-cher jus-qu'au soir. Lieux où ja-
dis m'a ber - cé l'Es - pé - ran - ce Je vous re-
vois à plus de cinquante ans On ra-jeu - nit aux souve-nirs d'en-
fan-ce Comme on re-naît au souf-fle du printemps. C'est dans ces
murs qu'en des jours de dé-fai-tes De l'enne-mi j'é-cou-tais le ca-

non I - ci ma voix mê - lée aux chants des fê - tes De la pa-
trie a bé - ga - yé le nom. A - me rê-veuse aux ai-les de co-
lom-be De mes sa - bots là j'ou-bli-ais le poids Du ciel i-
ci sur moi la fou-dre tombe Et m'appri-voi-se a-vec cel - le des
rois. Con-tre le sort ma rai - - son s'est ar-
mé - e Sous l'humble toit et vient aux mê-mes
lieux Nar-guer la gloire in-con - stan - te fu - mé - e
Qui ti-re aus-si des lar - mes de nos yeux. A - mis parens témoins de mon au-ro - re Ob-jets d'un cul-te avec le temps ac-
cru Oui mon ber-ceau me sem-ble doux en - co - re Et la ber-
ceuse a pourtant dis-pa - ru. Lieux où ja-dis m'a ber-cé l'Es-pé-

ran - ce Je vous re - vois à plus de cin-quan-
te ans On ra - jeu - nit aux sou - ve - nirs d'en-
fan - ce Comme on re - naît au souf - fle du prin-temps.

LE VIEUX VAGABOND.

Air: *Guide mes pas, ô Providence* (des Deux Journées).

Andante.
N° 299.
Dans ce fos - sé ces-sons de vi - vre Je fi - nis
vieux in - firme et las Les pas-sans vont di - re il est i - vre
Tant mieux il ne me plaindront pas J'en vois qui dé-tournent la
tê - te D'au-tres me jet - tent quel-ques sous Cou - rez
vi - te al - lez à la fê - - te Vieux va - ga-bond je puis
mou-rir sans vous Vieux va - gabond je puis mourir sans vous Je puis
mourir sans vous Je puis mourir sans vous Je puis mourir sans vous.

COUPLETS

AUX HABITANS DE L'ILE DE FRANCE.

Air : *Tendres échos errans dans ces vallons.*

Allegretto.
N°300.
Quoi vos é - chos re - di - sent nos chansons Bons Mau - ri - ciens ils sont Fran-çais en-
co - re A tra - vers flots tem - pê - tes et mous-
sons Leur voix me vient d'où vient pour nous l'auro - re De tant d'é-
chos ré-sonnant jusqu'à nous Les plus lointains nous semblent les plus
doux De tant d'é - chos ré - son - nant jus - qu'à
nous Les plus loin-tains nous sem-blent les plus doux.

CINQUANTE ANS.

Air : *Du Partage de la richesse.*

Allegro.
N°301.
Pour - quoi ces fleurs est - ce ma fê - te
Non ce bou-quet vient m'an - non - cer Qu'un de - mi-

siè - cle sur ma tê - te A - - - chève au-
jourd'hui de pas - ser O combien nos jours
sont ra - - pi - des O combien j'ai per - du d'in-
stans O com-bien je me sens de ri - des
Hé - - las hé - las j'ai cin - - quan - te ans
Hé - - las hé - las j'ai cin - - quan - te ans.

JACQUES.

Air de Jeannot et Colin.

Andantino.
N° 302.
Jacque il me faut trou-bler ton som-me Dans le
vil - la-ge un gros huis-sier Rôde et court sui - - vi d'un mes-
sier C'est pour l'im - pôt las mon pauvre homme. Lè-ve-
toi Jac - ques lè - - - ve - toi Voi - ci

ve - - nir l'huis-sier du roi Voi - ci voi - ci
ve - - nir Voi - ci ve - nir l'huis - sier du roi.

LES ORANGS-OUTANGS

Air de Calpigi.

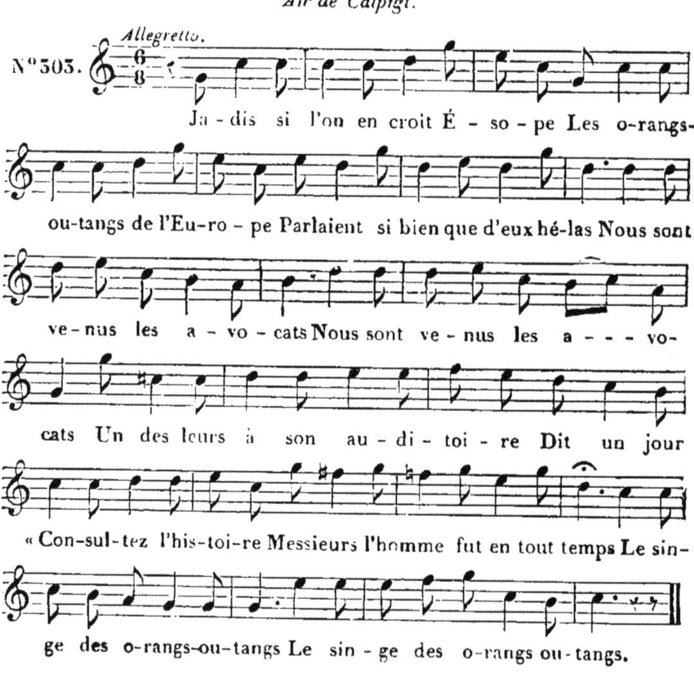
Allegretto.
N° 303.
Ja - dis si l'on en croit É - so - pe Les o-rangs-
ou-tangs de l'Eu-ro - pe Parlaient si bien que d'eux hé-las Nous sont
ve-nus les a - vo - cats Nous sont ve - nus les a - - - vo-
cats Un des leurs à son au - di - toi - re Dit un jour
« Con-sul-tez l'his-toi-re Messieurs l'homme fut en tout temps Le sin-
ge des o-rangs-ou-tangs Le sin - ge des o-rangs ou-tangs.

LES FOUS.

Air : *Ce magistrat irréprochable.*

Allegretto.
N° 304.
Vieux soldats de plomb que nous som - mes Au cordeau

nous a - li - - - gnant tous Si des rangs
sor - - tent quel - ques hom - mes Tous nous cri-
ons à bas les fous Tous nous cri - ons à bas les
fous On les per - sé - cu - te on les tue Sauf a - près
un lent e - - xa - men A leur dresser u - - ne sta -
tu - e Pour la gloi - re du genre humain A leur dresser u - - ne sta - - tu - e Pour la gloi - re du genre humain Pour la gloi - re du genre hu - main.

LE SUICIDE.

Air d'Agéline (de M. B. Wilhem).

N° 305.
Quoi morts tous deux dans cet - te cham - bre
clo - se Où du charbon pèse encor la va - peur Leur vie hé-

las é - tait à pei-ne é - - clo - se Sui - ci-de af-
freux triste objet de stu-peur Ils au-ront dit Le monde fait nau-
fra-ge Vo-yez pâ - lir pi - lote et ma-te - lots Vieux bâ-ti-
ment u - sé par tous les flots Il s'englou-tit sauvons-nous à la
na - ge Et vers le ciel se fra-yant un che - min Ils sont par-
tis en se donnant la main Et vers le ciel se fra-yant un che-
min Ils sont par - tis en se don-nant la main.

LE MÉNÉTRIER DE MEUDON.

Air de la contredanse des Petits Pâtés.

N° 306.
Dan-sez vi - te o - bé - is - sez donc Au mé - né-
tri - er de Meu - don Dan-sez vi-te o - bé - is - sez
donc Il est le roi du ri - - go -

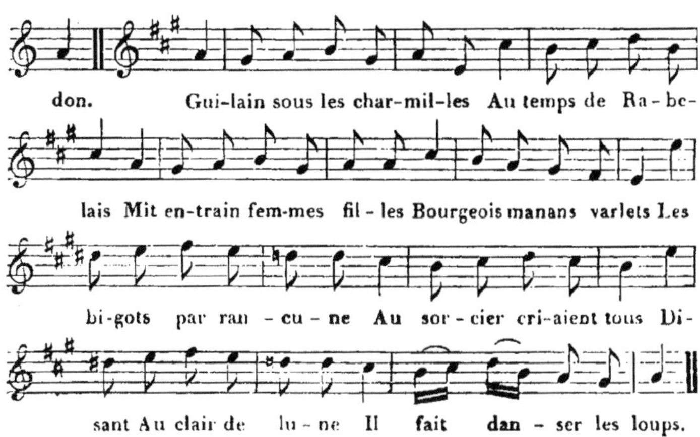
don. Gui-lain sous les char-mil-les Au temps de Ra-be-
lais Mit en-train fem-mes fil-les Bourgeois manans varlets Les
bi-gots par ran-cu-ne Au sor-cier cri-aient tous Di-
sant Au clair de lu-ne Il fait dan-ser les loups.

JEAN DE PARIS.

Air : *Cette chaumière vaut un palais.*

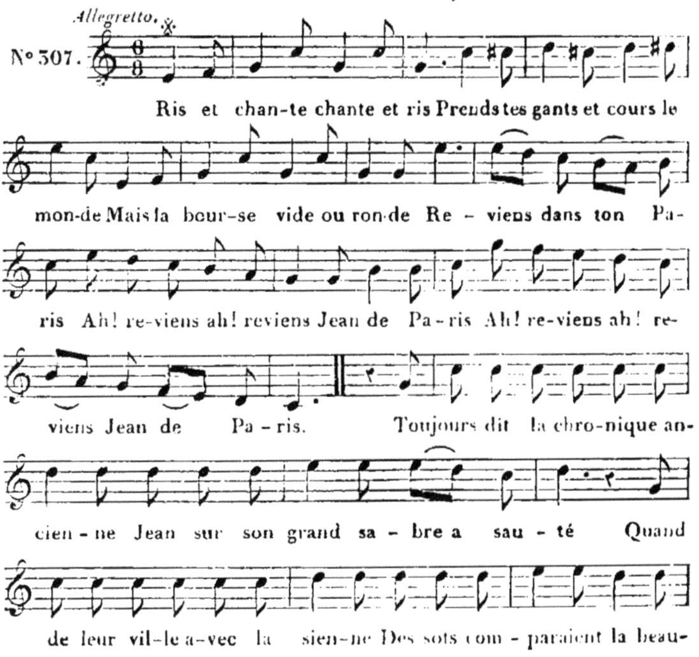
Allegretto.
N° 307.
Ris et chan-te chante et ris Prends tes gants et cours le
mon-de Mais la bour-se vide ou ron-de Re-viens dans ton Pa-
ris Ah! re-viens ah! reviens Jean de Pa-ris Ah! re-viens ah! re-
viens Jean de Pa-ris. Toujours dit la chro-nique an-
cien-ne Jean sur son grand sa-bre a sau-té Quand
de leur vil-le a-vec la sien-ne Des sots com-paraient la beau-

té Pro-cla-mant sur son a-me En pro-se ain-si qu'en
vers Les tours de No-tre-Da-me Cen-tre de l'u-ni-vers.

PRÉDICTION DE NOSTRADAMUS.

Air des Trois Couleurs.

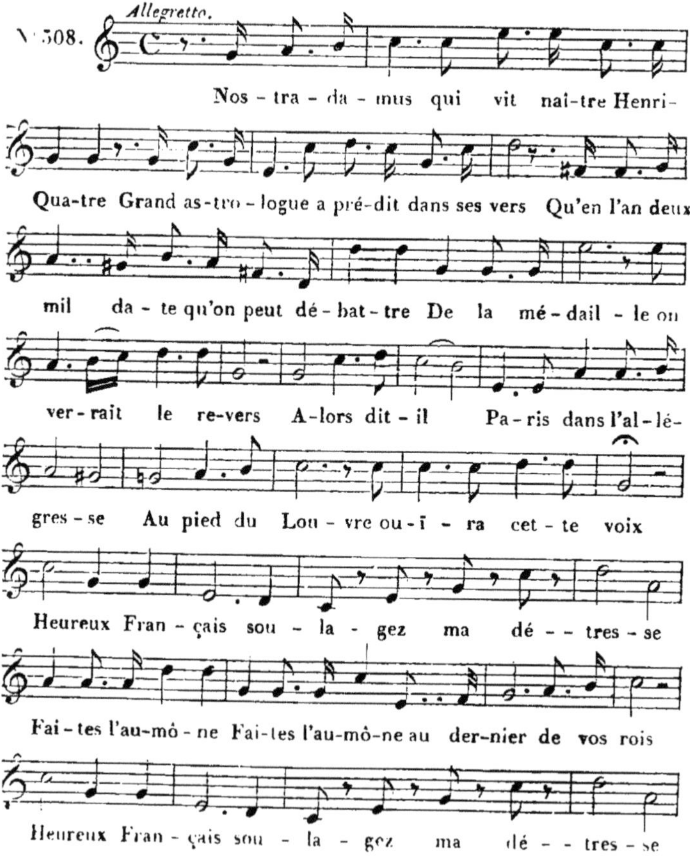
Allegretto.
N° 308.
Nos-tra-da-mus qui vit naî-tre Henri-
Qua-tre Grand as-tro-logue a pré-dit dans ses vers Qu'en l'an deux
mil da-te qu'on peut dé-bat-tre De la mé-dail-le on
ver-rait le re-vers A-lors dit-il Pa-ris dans l'al-lé-
gres-se Au pied du Lou-vre ou-ï-ra cet-te voix
Heureux Fran-çais sou-la-gez ma dé--tres-se
Fai-tes l'au-mô-ne Fai-tes l'au-mô-ne au der-nier de vos rois
Heureux Fran-çais sou-la-gez ma dé--tres-se

Fai-tes l'au-mô-ne Fai-tes l'au-mône au der-nier de vos rois.

PASSY.

Air : *Dis-moi, soldat, t'en souviens-tu?*

Allegretto.
N° 309.
Pa-ris a-dieu je sors de tes mu-
rail-les J'ai dans Pas-sy trou-vé gî-te et re-pos Ton fils t'en-
lè-ve un droit de fu-né-rail--les Et sa pi-
quette échappe à tes im-pôts Puis-sé-je i-ci vieil-lir e-xempt d'o-
ra-ge Et de l'ou-bli prêt de su-bir le poids Comme l'oi-
seau dor-mir dans le feuil-la---ge Au bruit mou-
rant des é-chos de ma voix Comme l'oiseau dormir dans le feuil-
la--ge Au bruit mou-rant des é-chos de ma
voix Au bruit mou-rant des é-chos de ma voix.

LE VIN DE CHYPRE.

Air du vaudeville de Préville et Taconnet.

Allegro.
N° 310.
Chy-pre ton vin qui ra-jeu-nit ma ver-ve
Me fait re-voir l'en-fant por-te-ban-deau Ju - - pi-ter
Mars Vé-nus Ju-non Mi-ner-ve Ces dieux long-temps ra-
yés de mon Cre-do Ces dieux long-temps ra-yés de mon Cre-
do Si nos au-teurs tout pa-ïens dans leurs li-vres
M'ont fait mau-di - - re un cul-te in-gé-ni-eux M'ont
fait mau-di-re un cul-te in-gé-ni-eux
Ah! de ce vin c'est qu'ils n'é-taient pas i-vres Le vin de
Chypre a cré-é tous les dieux Ah! de ce vin c'est qu'ils n'étaient pas
i-vres Le vin de Chypre a cré-é tous les dieux.

LES QUATRE AGES HISTORIQUES.

Air : *A soixante ans il ne faut pas remettre.*

N°341.
So-ci - é - té vieux et sombre édi - fi - ce Ta chute hé-
las me - na - ce nos a - bris Tu vas croû-ler point de flambeau qui
puis-se Gui-der la fou-le à tra-vers tes dé-bris Gui-der la
fou-le à tra-vers tes dé-bris Où courons-nous quel sa-ge en proie au
dou - te N'a sur son front vingt fois pas - sé la
main N'a sur son front vingt fois pas - sé la main C'est aux so-
leils d'ê-tre sûrs de leur rou-te Dieu leur a dit Voi-là vo-tre che-
min C'est aux so - leils d'ê - tre sûrs de leur rou-
te Dieu leur a dit voi - là vo-tre che-min Dieu leur a
dit Voi-là vo-tre che - min Voi - là vo - tre che-min.

LA PAUVRE FEMME.

Air de Mon Habit.

Allegretto.
N°312.
Il nei-ge il nei-ge et là de-vant l'é-gli-se
U-ne vieil-le prie à ge-noux Sous ses hail-
lons où s'engouf-fre la bi-se C'est du pain qu'elle attend de
nous Seu-le à tâ-tons au par-vis No-tre-Da-me
El- - le vient hi-ver comme é-té El-le est a-veu-gle hé-
las! la pau-vre fem-me Ah! fai-sons-lui la cha-ri- - té.

MÊME CHANSON,

Air d'Aristippe.

Allegretto.
N°312 bis.
Il neige il neige et là devant l'é-gli-se U-ne vieil-
le prie à ge-noux Sous ses hail-lons où s'engouf-fre la
bi-se C'est du pain qu'elle attend de nous Seu-le à tâ-

tons au par - vis No - tre - Da - - me El - le vient
hi - ver com - me é - té El-le est a - veugle hélas! la pau-vre
fem - me Ah! fai - sons - lui la cha - - ri-
té Ah! fai - sons - lui la cha - - ri - - - té.

MÊME CHANSON,

Air de M. Gaubert.

Allegro moderato.
N°312 ter.
Il neige il nei-ge et là de-vant l'é-
gli - - se U - - ne vieil-le prie à ge-noux Sous ses hail-
lons où s'en-gouf - fre la bi - se C'est du pain
qu'el - le at-tend de nous Seu - le à tâ - tons au par - vis
No - tre - Da - - me El - le vient hi - - ver com - me é-
té El - le est a - veugle hé-las! la pau - vre fem - me

Ah! fai-sons-lui la cha--ri-té.

LES TOMBEAUX DE JUILLET.

Air des Comédiens.

Allegretto.
N°313.
Des fleurs enfans vous dont les mains sont pures Enfans des
fleurs des palmes des flambeaux De nos Trois-Jours or-nez les sépul-
tu-res Comme les rois le peuple a ses tombeaux. Charle a-vait
dit «Que juillet qui s'é-cou le Ven-ge mon trône en butte aux ni-ve-
leurs Vic-toire aux lis!» Soudain Pa-ris en fou-le S'arme et ré-
pond «Vic-toi-re aux trois cou-leurs!» Pour par-ler
haut pour nous trouver ti-mides Par quels exploits fas-cinez-vous nos
yeux N'i-mi-tez pas l'homme des py-ra-mi-des Dans son lin-
ceul tiendraient tous vos a-ïeux. Quoi d'u-ne Char-te on nous

a fait l'au - mô - ne Et sous le joug vous
vou - lez nous cour-ber Nous sa - - vons tous com-
ment s'é - croule un trô - ne Dieu jus - te en-core un
roi qui veut tomber Car u-ne voix qui vient d'en haut sans
dou - te Au fond du cœur nous crie É - ga - li -
té L'é-ga-li - té c'est peut-ê-tre u-ne rou-te Qu'aux malheureux fer - me la ro - yau - té. Mar-chons mar-
chons à nous l'Hô-tel - de - Vil - le A nous les
quais à nous le Louvre à nous Entrés vainqueurs dans le ro-yal a-
si-le Sur le vieux trône ils se sont as - sis tous. Qu'un peuple est
grand qui pauvre gai mo-deste Seul maître après tant de sang et d'ef

forts Chasse en ri - ant les princes qu'il dé-tes - te Et de l'é-
tat garde à jeun les trésors ! Des fleurs enfans vous dont les mains sont
pu-res En-fans des fleurs des palmes des flambeaux De nos Trois-
Jours ornez les sé-pul-tu-res Comme les rois le peuple a ses tombeaux. Des ar - ti - sans des sol - - dats de la
Loi - re Des é - co - liers s'es - sa - - yant au ca-
non Sont tom - bés là vous lé - - guant leur vic-toi - re
Sans pen-ser même à nous di - re leur nom. A ces hé-
ros la France doit un temple Leur gloire au loin inspire un saint ef-
froi Les rois que trouble un aus-si grand ex - em-ple Tout bas ont
dit Qu'est-ce aujourd'hui qu'un roi ? Voit-on ve-nir le drapeau trico-

lo-re Ré-pè-tent-ils de sou-ve-nir rem-plis Et sur leur
front ce dra-peau semble en-co-re Je-ter d'en
haut les ombres de ses plis. En paix voguant de royaume en royaume A Sainte-Hé-lè-ne en sa course il at-teint Na-po-lé-
on gi-gan-tes-que fan-tô-me Pa-raît debout sur ce vol-can é-
teint. A son tombeau la main de Dieu l'en-lè-ve « Je t'at-ten-
dais mon drapeau glo-ri-eux Sa-lut!» Il dit brise et jet-te son
glai-ve Dans l'O-cé-an et se perd dans les cieux. Dernier con-
seil de son gé-nie aus-tè-re Du glai-ve en
lui fi-nit la ro-yau-té Le con-quérant des
scep-tres de la ter-re Pour succes-seur choi-

sit la Li-ber-té. Des fleurs enfans vous dont les mains sont
pu - res En - fans des fleurs des pal - mes des flambeaux De nos Trois-Jours or - nez les sé - pul-
tu-res Comme les rois le peuple a ses tombeaux. Des corrup-
teurs la fac-ti-on ti - tré-e Dé-serte en vain cet humble mo-nu-
ment En vain com-pare à l'é-meute eni - vré - e De nos ven-
geurs le no - ble dé - voû - ment. En - fans en
rêve on dit qu'avec les anges Vous é-changez la nuit les plus doux
mots De l'a - ve - nir pré-di - sez les lou-an - ges Pour con-so-
ler ces a - mes de hé - ros. Di - tes-leur Dieu veil - le
sur vo - tre ou - vra - ge Par nos er - reurs ne

vous lais - - sez trou - bler Du coup qu'i-ci frap-
pa vo - - tre cou - ra - - ge La terre en-core a
long - temps à trembler. Mais dans nos murs fondrait l'Europe en-
tiè - re Qu'au prompt dé - part de vingt peu - ples ri -
vaux La li - ber - té naî-trait de la pous-siè - re Qu'emporte-
raient les pieds de leurs che-vaux. Partout luira l'é - ga-li - té fé-
con-de Les vieil-les lois errent sur des dé-bris Le monde an-
cien fi - nit d'un nou - veau mon - de La Fran-ce est
rei - ne et son Louvre est Pa - ris. A vous en-
fans ce fruit des Trois-Journées Ceux qui sont là vous frayaient le che-
min Le sang fran-çais des grandes des-ti - né - es Trace en tout

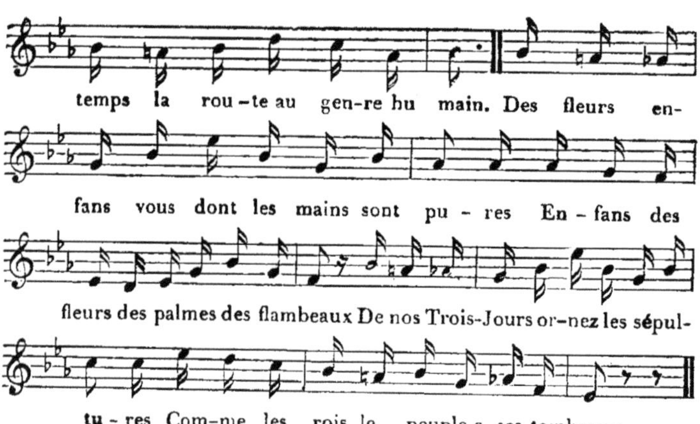
temps la rou-te au gen-re hu main. Des fleurs en-
fans vous dont les mains sont pu - res En - fans des
fleurs des palmes des flambeaux De nos Trois-Jours or-nez les sépul-
tu - res Com-me les rois le peuple a ses tombeaux.

ADIEU, CHANSON.

Air d'Agéline (de B. Wilhem).

No 314.

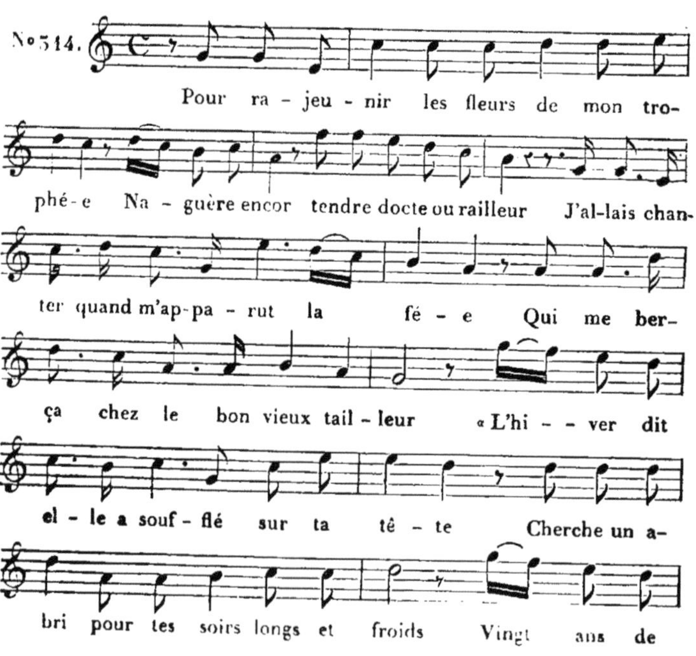
Pour ra - jeu - nir les fleurs de mon tro-
phé-e Na - guère encor tendre docte ou railleur J'al-lais chan-
ter quand m'ap-pa - rut la fé - e Qui me ber-
ça chez le bon vieux tail - leur « L'hi - - ver dit
el - le a souf - flé sur ta tê - te Cherche un a-
bri pour tes soirs longs et froids Vingt ans de

lut-te ont é - pui - sé ta voix Qui n'a chan-
té qu'au bruit de la tem - pê - - te. » A - dieu chansons mon front chau - ve est ri - - dé L'oi-seau se
tait l'a - qui - lon a gron - dé. A - dieu chansons mon front chau-ve est ri - - dé L'oi-seau se
tait l'a - qui - lon a gron - dé.

NOTRE COQ.

Air : *Madelon s'en fut à Rome, tonderontaine, tonderonton.*

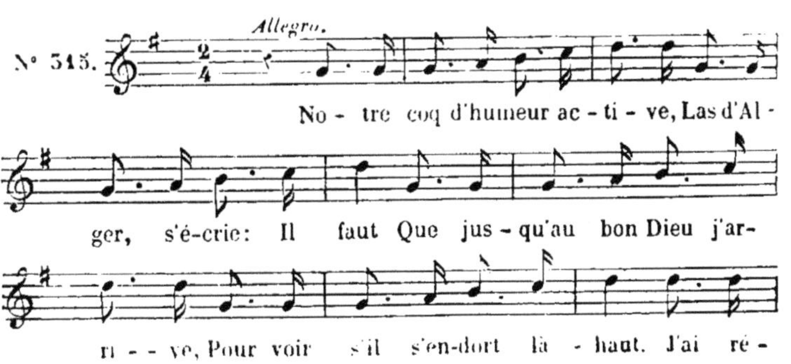
Allegro.
N° 315.
No - tre coq d'humeur ac - ti - ve, Las d'Al -
ger, s'é-crie: Il faut Que jus - qu'au bon Dieu j'ar-
ri - - ve, Pour voir s'il s'en-dort là - haut. J'ai ré -

ponse à tout qui - vi - ve, Co, co, co-que-ri - co, Fran- ce
re-mets ton sha - ko, Co - que- ri - co, co-que - ri - co.

LE BAPTÊME DE VOLTAIRE.

Air : *Les cloches du monastère.*

N° 316.
Allegretto.
La foule en-com-bre l'é - - - gli - se; Les prê-
tres sont en é - moi. C'est un garçon qu'on bap - ti - se Fils d'un
tre - so - rier du roi. Le cu - - - ré court en per -
son - ne Dire au be-deau : son-ne! son-ne! Dig-don! dig-
don! dig-don! dig - don! Que n'a - vons-nous un bour - don! Dig -
don! dig - - - don Que n'a - - vons - nous un bour -
don! Dig - don! dig - - - don! dig - - - - don!

LE DÉLUGE.

Air *des trois Couleurs.*

Allegretto.
N° 317.
Tou-jours pro-phète en mon saint mi-nis-
tè--re, Sur l'a-ve--nir j'ose in-ter-ro-ger
Dieu. Pour châ-ti--er les prin-ces de la
ter-re, Dans l'an-cien mon--de un dé--luge au--ra
lieu. Dé-jà près d'eux, l'O-cé-an sur ses
grè-ves Mu-git, se gonfle: il vient, maî-tres, vo-
yez! Vo-yez, leur dis-je; ils ré--pon-dent: Tu
rê-ves. Ces pau-vres rois, ces pau-vres rois, ils se-
ront tous no-yés. Vo-yez, leur dis-je; ils
ré--pon--dent: Tu rê-ves. Ces pau-vres rois

ces pau - vres rois, ils se - - ront tous no - - - yés.

LES ESCARGOTS.

Air : *Chantez, dansez, amusez-vous.*

N° 318.
Moderato.
Chas-sé d'un gî - - - te par huis - sier,
Je cherchais lo - - - gis au vil - - - la - - ge,
Lorsqu'un co - - li - - - ma - çon gros - sier Me fait les
cor - - nes au pas- - - sa - - - - - - - - - - - ge.
Vo - - yez comme ils font les gros dos,
Ces beaux mes - - sieurs les es - car - - gots.

MA GAITÉ.

Air nouveau de Frédéric Bérat.

N° 319.
Andantino.
Ma gaî - té s'en est al - - lé - e, Sage ou

fou qui la ren - - dra A ma pauvre âme i - so -
- lé - e, Dieu l'en ré-com-pen-se - - - - ra. Tout
vient ag-gra - ver ma per - te: L'in - fi - dèle, en s'é-va-
Poco rit. -
- dant, Au cha - - grin toujours rô - dant, A lais -
- - - - - - - - - - - - - - - - - - - Tempo dolce.
- sé ma porte ou - ver - te. Au lo - gis ra -me-nez-
la, - - - Vous tous qu'el - le con - so - - - la ; Au lo -
- gis ra - me - nez - - - la, Vous
tous qu'el - - - le con - so - - - - la.

LE GRILLON.

Air de Jeannot et Colin.

N° 320.

Andantino.
Au coin de l'âtre où je — ti - son-ne, En rê -

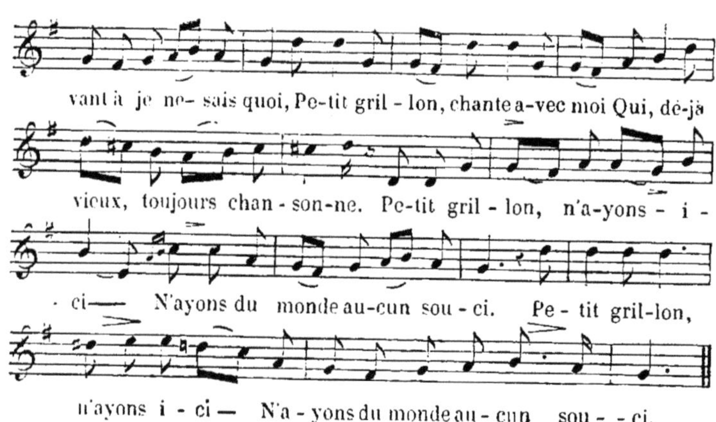
vant à je ne- sais quoi, Pe-tit gril - lon, chante a-vec moi Qui, dé-jà
vieux, toujours chan - son-ne. Pe-tit gril - lon, n'a-yons - i -
- ci— N'ayons du monde au-cun sou - ci. Pe - tit gril-lon,
n'ayons i - ci — N'a - yons du monde au - cun sou - - ci.

LE GRILLON.

Air nouveau de Frédéric Bérat.

Andantino.
N° 320 bis.
Au coin de l'âtre - où je ti - son-ne, En rê -
- vant à je ne sais quoi, Pe - tit gril - lon, chante a - vec
moi, Qui, dé - jà vieux, toujours chan - son-ne. Pe tit gril -
- lon, n'a-yons i - ci, N'ayons du monde - au - cun sou - ci.

AIRS AVEC ACCOMPAGNEMENT DE PIANO.

NOTRE COQ.

AIR : *Madelon s'en fut a Rome, tonderontaine, tonderonton.*

Disposé pour piano, à deux et à quatre voix, par M. HALÉVY.

Allegro.
CHANT.
PIANO.
f p
No - tre coq d'humeur ac - ti - ve, Las d'Al -
ger s'é-crie: Il faut Que jus - qu'au Bon Dieu j'ar-
ri - - ve, Pour voir s'il s'en-dort là - haut. J'ai ré -

ponse à tout qui - vi - ve, Co, co, co-que-ri - co, Fran- ce
re-mets ton sha - ko, Co-que- ri - co, co-que - ri - co.

A DEUX VOIX,

AVEC OU SANS LE MÊME ACCOMPAGNEMENT.

Allegro.
No - tre coq d'humeur ac - ti - ve, Las d'Al-
No - tre coq d'humeur ac - ti - ve, Las d'Al-
ger s'é-crie: Il faut Que jus - qu'au Bon Dieu j'ar-
ger s'é-crie: Il faut Que jus - qu'au Bon Dieu j'ar-
ri - ve, Pour voir s'il s'en-dort là - haut. J'ai ré-
ri - ve, Pour voir s'il s'en-dort là - haut. J'ai ré-

ponse à tout qui - vi - ve, Co, co, co- que - ri- co, Fran-ce
ponse à tout qui - vi - ve, Co, co, co- que- ri - co, Fran-ce
re - mets ton sha- ko, Co-que - ri - co, co-que - ri - - co.
re- mets ton sha - ko, Co- que- ri - co, co- que- ri - - co.
A QUATRE VOIX.
Allegro
1er Ténor.
2e Ténor.
1re Basse.
2e Basse.
p
cres.
No - tre coq d'humeur ac - ti - ve, Las d'Al-
ger s'é-crie: Il faut Que jus - qu'au Bon Dieu j'ar-

ri - ve, Pour voir s'il s'endort là - haut. J'ai re -
ri - ve Pour voir s'il s'en-dort là - haut. J'ai ré -
ri - ve Pour voir s'il s'en-dort là - haut. J'ai ré -
ri - ve pour voir s'il s'en-dort là - haut. J'ai ré -
ponse à tout qui- vi - ve, Co - co, coque-ri - co, Fran-ce
ponse à tout qui - vi - ve. Co - co, coque-ri - co, Fran-ce
ponse à tout qui - vi - ve, Co - co, coque-ri - co, Fran-ce
ponse à tout qui - vi -ve, Co - co, co-que-ri - co, Fran-ce
remets ton sha - ko, Co-queri - co, co-que- ri - - co.
remets ton sha - ko, Co-queri - co, Co-que- ri - - co.
remets ton sha - ko, Co-queri - co, co-que- ri - co.
remets ton sha - ko. Co-queri - co, co-que- ri - co.

LES SOUVENIRS DU PEUPLE.

MUSIQUE DE Mme MAINVIELLE-FODOR.

Moderato.
CHANT.
PIANO.
On par-le--ra de sa
gloi-----re Sous le chaume bien long-temps L'humble toit
dans cinquante ans Ne connai--tra plus d'autre his-

toi - - - - re; Là vien - dront les vil-la- -geois dire a -
lors à quel-que vieil - - - - le, Par des ré - cits d'au-tre -
fois : Mère a - - bré-gez no - - tre veil - - le Bien qu'on
dit qu'il nous ait nui, Le peuple encor le ré - vè - re, Oui le ré-

ve - - - - - re; Parlez-nous de lui, grand'mè - re, Par-lez-nous de lui,
rallentendo.
Par-lez-nous de lui.
colle voce.
2e Couplet.
Mes en-fans, dans ce vil - - la - - ge, Sui-vi de rois, il pas-
sa, Voi - - là bien longtemps de çà; Je ve - nais

d'en-trer en mé--na-----ge, A pied grim-pant
le coteau, Où pour voir je m'é-tais mi-se, Il a-
vait pe---tit cha-peau, A-vec re--din--go--te
gri--se; De-vant lui je me trou-vai. Il me

a piacere.
dit: Bon-jour, ma chè - - re, Bonjour, ma chè - - - re.
a tempo più mosso.
rallentendo.
Il vous a par-lé, grand'-mè-re! Il vous a par-lé,
colla voce.
dal segno
il vous a par - lé!

LE JUIF ERRANT.

MUSIQUE DE Mme MAINVIELLE-FODOR.

Moderato assai.
CHANT.
PIANO.
Chré-tiens, au vo - - ya - geur souf-
frant Tends un ver - re d'eau sur ta por - te, Je
suis, je suis le juif er-rant, Qu'un tourbil-lon toujours empor-

te; Sans vieil - - lir ac-ca-blé de jours, La fin du
mon-de est mon seul rê - - ve. Cha-que soir j'es- - pè-re tou.
piu mosso.
jours; Mais toujours le soleil se lè ve, Tou-jours, tou-jours, tou-
jours, toujours, Tourne la terre où moi je cours, Toujours, tou-

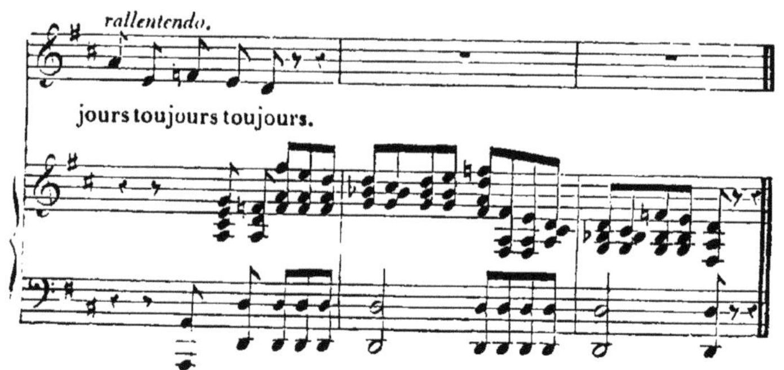
rallentendo.
jours toujours toujours.

FIN.

TABLE DES AIRS.

MUSIQUE

AVEC ACCOMPAGNEMENT DE PIANO.

FIN DE LA TABLE.

www.ingramcontent.com/pod-product-compliance
Ingram Content Group UK Ltd.
Pitfield, Milton Keynes, MK11 3LW, UK
UKHW020544180726
13838UKWH00001B/20

9 782329 284446